Mail: mail@pankraaz.de

Internet: www.content-context.de

Musik: www.youtube.com Jurgen Kraaz

soundcloud.com Jurgen Kraaz

Die Deutsche Nationalbibliothek verzeichnet diese Publikation in der Deutschen Nationalbibliografie *Detaillierte bibliografische Daten sind im Internet über dnb.dnb.de abrufbar.*

Herstellung und Verlag: *BoD – Books on Demand, Norderstedt*

Foto: Bernd Fiedler

© 2022 Jürgen Kraaz
ISBN 9783754347874

Für meine Enkel
Benjamin, Juni, Leo, Marie und Mascha.

Der 68er

Eigentlich bin ich tot 5

Wie man lernt einen Lanz Bulldog anzuwerfen 7

Die Kieler Jugend..11

Goethe-Schule – die Rettung 15

Ja, ich war ein Aktmodell................................18

Wagners Sängerknabe................................19

Blut an den Riemen................................21

Die leeren Lehren 24

Das ist doch nicht gesund................................28

18 Monate Wehrkraftzersetzung................................33

Die lieben Lieben 39

THANK YOU................................49

Flugblattschmuggel ins Kommunistenland................99

Meskalin statt Heroin................................103

Wahre Arbeit................................105

Schaubühne – was für ein Theater................111

Morgens alleine................................:..... ..117

Ich als Versicherungsvertreter................................118

Ein toter Freund................................121

In Trance mit und ohne LSD................................124

DEUTSCHLAND SCHWARZBROT............................ 128

Lava. Tears are goin home................................208

Freaks in Marokko................................213

Kommune Berlin................................218

Polizisten-Sauer statt Flower-Power................224

Die Frau meines Lebens................................230

Eine Texterkarriere................................235

Ohne Hose................................243

Berlin, da war Musik drin................................245

Mensch, Mensch................................248

Der Untergang................................249

Jürgen und Michaela heiraten................................251

Badenstedt bei Zeven................................256

Bis dass der Tod uns schied................................262

Michaela auferstanden................................265

Ich seh durchs Fenster meiner Träume................266

Eigentlich bin ich tot

Gezeugt und geboren im zweiten Weltkrieg – lebensgefährlich

Als Jahrgang 1943 und Mitglied einer großen pommerschen Familie war am Ende des 2. Weltkrieges nichts vernünftiger, als vor den Russen zu flüchten,

Die stürzten sich, voller Rachedurst über die Schandtaten der deutschen Uniform- und Leistungsträger, auf alles, was im Lande geblieben war. Unsere Familie floh auf Lastwagen plus Anhänger in Richtung Westen – zurückgelassen wurden Haus, Fabrik, Land, Geschichte, alles. Aber dann ging die Scheiße erst richtig los...

> *Das muss man sich mal vorstellen: Großes Haus und goße Familie in Pommern, Ziegelei, Sägewerk, Ländereien, Eltern, vier Kinder – auf der Flucht vor den Russen – alles weg, für immer.*

Vor allem die Kleinkinder litten unter den hohen Belastungen und der mangelhaften Ernährung. Viele der Babys, die in einem Krankenhaus landeten, starben dort, ohne ihre Eltern je wiedergesehen zu haben.

Auch meine Mutter ging mit mir ins Krankenhaus, um einen schweren Abszess behandeln zu lassen, der sich an meinem Auge gebildet hatte. Ein entzündeter Bienenstich brachte mich beinahe um. Eine Krankenschwester begutachtete mich und empfahl meiner Mutter, sich schon mal von mir zu verabschieden. „Den kriegen Sie nicht mehr durch."

Daraufhin, so die Erzählung, lächelte ich sie mit meinen anderthalb Jahren dermaßen überwältigend an, dass sie gerührt aus ihrem Medizinschrank ein Antibiotikum stahl, das als neueste Wunderwaffe allein verwundeten Soldaten zur Verfügung stehen sollte. „Wenn man mich damit erwischt, werde ich erschossen" war ihr realistischer Kommentar.
Aber so rettete sie mein Leben Und meine Mutter vermied es, dem Himmel sei Dank, mich im Krankenhaus zu lassen. Dort, wo zwei kleine Kinder meiner Familie ein frühes Ende fanden.

Wie man lernt einen Lanz Bulldog anzuwerfen.

Oder ein Kalb aus einer Kuh rauszuziehen.

Meine Familie mütterlicherseits gehörte zu einer Art pommerschen Landadel, dem arbeitenden Teil. In einem solchen Milieu ist meine Mutter aufgewachsen. Wo mein Vater herkommt, weiß ich nicht genau (geboren auf Sumatra, als Sohn eines Goldminenausbeuterdirektors). Aber da ich von Mutter und ihren Schwestern erzogen wurde, haben Frauen mich entscheidend mehr geprägt als ein kaum vorhandener Vater.

Nach der Flucht aus Pommern landeten wir in Burg in Dithmarschen, und daraus ging es nach Kiel, weil mein Vater einen guten Job bei der FDP bekam. Ich war gerade mal fünf Jahre alt, wollte aber auf keinen Fall aus der Dithmarscher Idylle in die Großstadt Kiel.

Kiel hatte für mich eigentlich nur zwei gute Seiten: Es gab die Kieler Förde mit ihren vielen Stränden. Die andere gute Seite war unsere pommersche Restgroßfamilie und dazu alte Freunde meiner Mutter, die nach dem Krieg in der Nähe Kiels einen Hof bewirtschafteten. Diese Familie besuchte ich oft, besonders wenn mir nachmittags nach der Schule oder am Wochenende langweilig wurde. 10 km mit dem Rad und schon konnte ich den Bauern auf seinem Trecker ablösen oder auch mal für Tante Uschi den Garten umgraben. War alles besser als Schule.

Dazu muss ich mal erzählen, wie man einen Lanz Bulldog startet und fährt. Ein Lanz Bulldog ist ein riesiges metallisches Gefährt, völlig massiv, unkaputtbar und nach dem Krieg unverzichtbar für die deutsche Landwirtschaft.

Es gibt wohl nichts Schöneres: Nach 4 Stunden in glühender Sommerhitze auf dem Trecker – da kommt Tante Uschi aufs Feld, breitet eine Decke aus, packt Kaffee und Kuchen aus und verwöhnt den fleißigen Jürgen. Und weiter gehts.

Um den Lanz Bulldog anzuwerfen, muss man zunächst eine Lötlampe unter einem kleinen frontseitigen Kolben erhitzen. Ist das geschehen, wird das massive Lenkrad komplett mit seiner stabilen Längsachse abgenommen und an ein riesiges Schwungrad an der Seite des Treckers angeflanscht. Nun wird mit dem Lenkrad das Schwungrad in Bewegung gesetzt. Aber Vorsicht, denn es geht darum, das Schwungrad in die richtige Richtung zu bewegen. Falsch herumgedreht (geht auch) hat der Trecker drei Rückwärtsgänge und einen Vorwärtsgang. Also vorwärts und noch mal mit Schwung, und noch mal, und dann geht's los. Mit starken Schlägen, dann beginnt das Leben des riesigen Einzylinder mit seinen 10,3 l Hubraum (!) zu pochen. Sofort muss das Lenkrad von dem Schwungrad gelöst werden. Sollte man das nicht rechtzeitig schaffen, wird es lebensgefährlich. Denn der Motor kommt nun richtig in Schwung, das Schwungrad dreht sich immer schneller, das Lenkrad an der Stange ist nicht mehr zu fassen, taumelt und löst sich dann von der Verankerung und fliegt unkontrolliert irgendwohin. In dieser Phase ist es nützlich, unter dem Trecker Schutz gesucht zu haben.

Dann springt man flugs auf den Treckersitz – ein massives, durchlöchertes Metall-Konstrukt auf einer wohl ein Meter hohen Feder. Hinsetzen, Kupplung drücken, den ersten von drei Gängen einlegen und mit einem Handgashebel, der auf millimeterweise Bewegung reagiert, den Motor in Schwung halten – und schon erwacht der Trecker aus seiner Lethargie und springt mit einem Satz nach vorne. All das wird von ohrenbetäubendem Lärm und dem noch lauteren Gedonner des blechernen Daches begleitet.

Solltest du irgendwann dieses Treckerleben bremsen wollen, bereite dich auf ein anstrengendes Erlebnis vor: Um die brachiale Gewalt dieses kaum zu bändigen Motors zu bremsen, musst du aufstehen und mit aller Kraft auf das massive Pedal treten. Vielleicht wirkt es ja.

Auf dem Lanz habe ich fahren gelernt. Etwas später kaufte der Bauer einen etwas feineren Hanomag, mit 10 Gängen und allen Drum und Dran. Habe ich auch gerne gefahren.

So verbrachte ich viele produktive Tage vor Kiel auf einem Bauernhof, wo mir die Menschen wohlgesonnen waren, die Kühe gut rochen und ich von Tante Uschi lernte Bratkartoffeln mit Speck zu lieben. Mindestens so genussreich waren ihre Besuche, wenn sie mich nachmittags bei sengender Sonne mit Kaffee und Kuchen auf dem Feld besuchte, wo ich gerade ein paar tausend Quadratmeter geeggt hatte.

Zum eggen, pflügen und graben tigerte ich regelmäßig von Kiel zum Bauern und half wo ich konnte.

Auch eine komplizierte Kälbergeburt gehörte zu meinen Aufgaben. Schon der einarmige Viehdoktor war eine Sensation. Ein Arm oft bis zur Achsel in der Kuh, der andere Arm war im Krieg geblieben. Praktisch ohne Arme stand der gute Mann dann vor mir und erzählte mir was vom Pferd – und Kuh

Aber an diesem Tag war er nicht dabei. Die Kuh stöhnte herzzerreißend, denn vom Kalb sah man nur ein Bein rauskommen, das andere hing quer in der Kuh. Gemeinsam mit dem Bauern zogen wir am Kälberstrick bis die Kuh nach langem Zögern das Kalb endlich freigab. Ein ziemlich blutige Schlacht.

Die Kieler Jugend

Stadt mit Strand

Geflohen auf einem Lastwagen, aus Pommern, gelandet in Burg in Dithmarschen, dann weitergezogen nach Kiel.
Zunächst wohnte meine Familie, also Vater, Mutter, Kind und Kind recht generös in einer Kieler Villa, mein Vater als Geschäftsführer der FDP. Dann zogen wir weiter in die Wilhelmshavener Straße, am Adolfplatz, zweiter Stock, eine kleinere Wohnung. Der Vater arbeitete inzwischen in der nahen Landesregierung.

Sozial eingebettet waren wir in einer recht großen Familie. Großvater, Großmutter, drei Töchter, ein Sohn und die dazugehörigen Kinder. Alle gemeinsam vor den Russen aus Pommern geflohen, aus der Heimat, von der sie immer wieder so sehnsüchtig sprachen, dem Zuhause. Sie sollten es nicht wiedersehen.

Männer gab es in dieser Konstellation nur wenige. Entweder kümmerten sie sich nicht um die Familie, wie mein Vater, oder waren im Krieg getötet worden.

Vaterlos, orientierungslos fand ich Anschluß an eine Pfadfindergruppe. Leider hatte unser Sippenführer einen schweren Hang zu kleinen Jungs wie mich zu Beispiel. Und so befummelte er mich nach den späten Abenden extrem intim, und versprach mir eine Segeltour übers Wochende. Meine Mutter war

begeistert. Ewu nannte man ihn,
weil er Uwe hieß und andersrum
war.

Und so sorgten sich die drei Schwestern und der Bruder um den Zusammenhalt, halfen sich gegenseitig und zogen ihre Kinder auf.

Also wurde ich im Wesentlichen von Frauen erzogen. Von meiner Mutter, die mich mehr als liebte und meiner älteren Schwester, die mich liebte und beschützte und die Pflicht hatte, auf mich aufzupassen.

Mein bester Freund in diesen jugendlichen Jahren war mein Vetter Peter. Wir waren ein unzertrennliches Duo, machten viel Unsinn, waren für jeden Spaß, für jedes Abenteuer zu haben.

Viel abenteuerlicher aber waren Peters und meine Tramp-Fahrten durch ganz Deutschland:

16, 17 Jahre waren wir jung,
packten unsere Sachen und zogen
los. Als Tramper auf Lastwagen, in
Jugendherbergen oder draußen
geschlafen, nach München zum
Beispiel zum Deutschen Museum,
immer wenig Geld, vorzugsweise
ernährt von einer Tüte grober Kölln-
Flocken, aufgefüllt mit viel Zucker
und dazu reichlich Orangensaft -
mehr nicht. Der schönste Fluch
hinter gleichgültig vorbeifahrenden
Autofahrern: „Urarsch deutscher
Unnatur."

All dies ohne Aufsicht wochenlang durch Deutschland -. Abenteuer vom Feinsten, und von den Müttern durchaus toleriert.

Zu den Höhepunkten dieser Zeit gehörten die Sommer, in denen wir viele Jahre an der Eckernförder Steilküste wochenlang zelteten.

Geld war knapp in dieser Zeit, so knapp, dass wir zum Beispiel am Kieler Hafen Schrott klauten, um diesen vorne am Eingang wieder zu verkaufen. Auch dies toleriert von den Müttern, die ansonsten aus einer hochanständigen, bürgerlichen Familie stammten.

Die Grundschule war noch gut für mich, das darauf folgende repressive Jungengymnasium ein reines Desaster. Insgesamt brauchte ich für vier Jahre Gymnasium sechs Schuljahre. Denn ich war recht faul, es fehlte eine Führung. Der Vater ließ sich scheiden, mit Versprechungen, die er nicht eingehalten hat, meine Mutter konnte als Verkäuferin zusätzlich Geld verdienen.

Nach der Mittleren Reife folgte eine höchst frustrierende Lehrzeit in einer kleinen Farbenfabrik und 18 vergebliche Monate bei der Bundeswehr.

Leider setzte sich der zwielichtige Charakter meines Vaters gegenüber seinen guten Seiten durch. Sein Versprechen seine von ihm geschiedene Familie mit einer erwarteten Erbschaft zu alimentieren hielt er nicht. Und entblödete sich auch nicht, meiner begabten Schwester Christiane und mir ein Studium zu verweigern. Er, ein sehr gut verdienender Offizier, dagegen ließ es sich gut gehen.

Und so waren meine Schwester und ich beide gezwungen, ihn auf Unterhalt zu verklagen. Jeweils in der ersten Instanz verlor er diese Prozesse, ging in die Revision und verlor erneut beide Prozesse.

So verließ ich Kiel, um in Berlin zu studieren – mit 250,- DM monatlich Unterhalt ausgestattet. Endlich.

Goethe-Schule – die Rettung

Mittelschule statt Gymnasium, mein Leben bekam wieder einen Sinn.

Viel zu lange brauchte ich, um auf dem autoritären Humboldt-Gymnasium die Untertertia zu erreichen. Nach dem zweiten Sitzenbleiben und weiterhin schlechten Noten musste was passieren. Ich selbst hatte die Scheidung meiner Eltern zu verkraften, dazu einen schweren Unfall, der mich immer mal wieder ohnmächtig werden ließ und meine Fähigkeiten, Gelerntes zu behalten, wesentlich reduzierte – also runter vom Gymnasium, hin zur Mittelschule, auf die Goethe-Schule. Und das war eine gute.

Was für ein Glück. Statt vor schlecht gelaunten Gymnasiallehrern und elitär erzogenen Schulkameraden stand ich plötzlich vor einer Klasse, die zur Hälfte aus wachen Jungs und hübschen Mädchen bestand. Ich selbst war durch mein wiederholtes Sitzenbleiben zwei Jahre älter. Aber das sollte mich nicht hindern, fortan mein Schulleben bei guter Laune zu komplettieren. Zu meiner Freude saß ich bald inmitten einer Mädchengruppe links, rechts, vor mir. Die ließen mich abschreiben, was ich wollte und ich steigerte ihre gute Laune mit unpassenden Bemerkungen über Lehrer, die große Mühe hatten, uns alle zu disziplinieren. Und zu meiner größten Freude war schon die erste Klassenarbeit in Deutsch eine glatte 2, die auch noch mit großem Lob übergeben wurden. Mein Gott, hat mich das gefreut.

Auch mit den Jungs lief es ausgezeichnet. Bald kristallisierte sich eine kleine Gruppe heraus, die sich mit regelmäßigen Saufabenden in Form hielt. Wir waren voll engagiert mit Aufnahmen eigener Musik und Hörspiel-Produktionen, die wir zusammen mit Klassenkameraden realisierten. Eine wunderbare Zeit, in der ich wieder ganz zu mir kam. Und noch heute, Jahrzehnte später, treffen sich die Überlebenden dieser munteren Schar zum Klassenfest. Wir waren und sind noch immer etwas Besonderes.

> *Es war die Zeit, als wir, die selber*
> *viel Musik machten, fasziniert und*
> *überwältigt die neue Musik hörten:*
> *Jimmy Hendrix, Cream, Beatles,*
> *Mamas and Papas...kaum*
> *begreifbare Wunder für uns.*

Über ein paar schöne Streiche in der Schule kann ich heute noch grinsen. Wir bemerkten, dass die unfähige Deutschlehrerin ihre Gedicht-Interpretation aus einem Lehrbuch für Lehrer herauslas. Dieses Buch besorgten wir uns, ich legte es mir auf den Schoß und dann begann eine schöne Interpretations-Orgie – wir waren bestens vorbereitet. Die gleiche Lehrerin wurde im Geschichtsunterricht düpiert. Mit sonorer zerhackter Stimme und etwas Technik simulierte C. eine Adolf Hitler-Ansprache, die er der Lehrerin als Dachboden-Fund verkaufte. Mit Erfolg natürlich. Dumme Pute.

C. hatte ein Tonbandgerät in Koffergröße, und ein riesiges Mikrofon. Beides wurde gut sichtbar auf einen Stuhl gestellt und fortan die Stunde auf Band aufgenommen. Man kann sich nicht vorstellen, was wir dann für einen Rabatz gemacht haben. So laut und so chaotisch, dass die Aushilfslehrerin uns die Zunge herausstreckte und die Klasse empört verließ. Jemand half ihr noch höflich in den Mantel, allerdings nicht ohne dabei ihren Ärmel zuzuhalten.

Die gleichermaßen schöne und chaotische Sound-Aufnahme nun spielten wir auf einem Klassenfest ab, zu dem auch die Lehrer eingeladen waren. Als wir diese Aufnahme vorspielten, war die Reaktion wie erwartet: Entsetzen und Empörung bei der Lehrerschaft, die die Veranstaltung sofort verließen. Wir haben uns sehr gefreut.

JA, ICH WAR EIN AKTMODELL

Ich war jung und brauchte das Geld.

Mir, dem schlanken, schönen jungen Mann, vermittelte meine Schwester, Studentin an einer Kunstschule, den ruhigsten Job seines Lebens.

Allerdings musste ich mich dafür ausziehen. Für 16 DM lag ich zwei Stunden auf einer Art Bank, praktisch nackt, und ließ mich malen oder stand rum, wie Gott mich schuf (oder wer es damals auch immer war) und musste entspannt und unverkrampft die Blicke der vielleicht zehn Maler-StudentInnen aushalten.

> *Auf der Muthesius Werkschule studierten meine Schwester und ihre Freunde Gestaltung. Ich dagegen war ein dummer Mittelschüler und Lehrling, gequält von sogenannten Minderwertigkeitskomplexen und beneidete sie alle für Ihr Studium.*

Aber keine Angst, mein Gemächte, sprich Geschlecht, wurde ausgespart, denn ich trug eine knappe Unterhose. Was einige meiner geilen Bewunderer nicht hinderte, mich in ihren Zeichnungen zu allgemeiner Freude mit einem riesigen Geschlechtsteil auszustatten. Habe ich protestiert? Nicht doch.

Wagners Sängerknabe

<u>Als Chorknabe in Wagners „Tannhäuser"</u>

Sechs Jahre hatte ich für die ersten vier Jahre Gymnasium gebraucht. Anscheinend war das nicht meine Welt. Zwar hinderte eine Elternscheidung und ein veritabler Schädelbruch mich am flotten Fortkommen, aber auch mein Fleiß war eigentlich keiner. Dagegen machte ich beim Musikunterricht einen guten Eindruck. Mein schöner Sopran war der drittbeste in der Schule. Immerhin etwas.

Dann tauchte eines Tages der Chorleiter des Kieler Stadttheaters in der Schule auf, um für eine Tannhäuser-Oper sechs Knaben zu finden, die gut singen konnten. Und nach einem strengen Casting wurde mein schöner Sopran auserwählt Richard Wagner zu singen. Was für ein Erlebnis. Das Ausmaß der Rolle hielt sich allerdings in Grenzen: „Wolfram von Eschenbach, beginne". Das war unser Text – dreistimmig zu singen. Weiterhin mussten wir im zweiten Akt allerlei Ringe einsammeln und uns kontrolliert bewegen.

> *Allerdings waren unsere jugendlichen Stimmen doch nicht druckvoll genug, um das ganze Theater überzeugend zu beschallen. Also beschloss man später, den großen Damenchor unbemerkt mitsingen zu lassen. Und so produzierten wir wenigen Edelknaben, einen Sound, der die Zuschauer zu Tränen rührte.*

Ohne uns allerdings wäre die Handlung komplett zusammengebrochen, ganz klar.

Die vielen Proben absolvierte ich gerne, Theater fand ich faszinierend. Und als junger Spund abends vor vielen 100 Zuschauern zu spielen und zu singen ist natürlich auch überwältigend.

Mehr als 20 Proben und 20 Aufführungen habe ich so bewältigt, die Musik Wagners habe ich wie kaum ein anderer gründlich inhaliert, verstanden und lieben gelernt. Leider brach der Heldentenor, der in dieser Oper extrem gefordert wird, also Tannhäuser himself, während einer Aufführung mit den Worten zusammen: „Ich kann nicht mehr."

Abbruch, Schluss, Aus. Noch heute kann ich die Tannhäuser-Ouvertüre nahezu auswendig dirigieren.

Blut an den Riemen

Als Rudersklave die Weltmeister besiegt

In der Blüte meiner Jahre, ich war wohl 17, hatte ich ein paar gute Freunde in der Schule. Wir schmiedeten kraftstrotzend den Plan, in einen Ruderclub einzutreten. Und so meldeten wir uns im Ersten Kieler Ruderclub an, einer renommierten Institution in der Ruderwelt, mit Olympiasiegern und Weltmeistern im Verein. Im EKRC erwartete uns zunächst ein Initiationsritus, der uns bis aufs Blut herausfordern sollte...

So wurde gleich am unserem ersten Tag das älteste und breiteste Ruderboot aus der Versenkung geholt. Breit heißt hier: Ultrabreit, viel Kraft, kaum vorankommen. Das schleppten wir zum Kai und los ging es in Richtung Außenförde. Raus bis nach Stein mussten wir knechten, stundenlang, völlig ungeübt und schon bald am Ende unserer Kräfte. Aber genau das war das Ziel dieser Übung – und nun das Ganze wieder zurück. Kurz: Die Blasen an den Händen gingen bis aufs Blut auf. Wir sollten am eigenen Körper erleben, was Galeeren-Sträflinge Tag für Tag aushalten mussten – und wir haben es ausgehalten. So wurden wir aufgenommen und konnten uns fortan uneingeschränkt an den kostbaren Booten des Vereins bedienen. Und es dauerte nicht lange, bis wir richtig gut in Form kamen.

Sogar das Wintertraining war hart. Ein Wasserbecken mit rotierenden Wasser simulierte die Arbeit und das Fortkommen eines Vierers.

Neben dem Rudern wurden auch fleißig Gewichte gestemmt und viel gelaufen – und bald waren wir wirklich stark.

Das Vereinsfest war natürlich der Höhepunkt für die Vereinsmeier – eigentlich nichts für mich. Außer dem Klatsch und Tratsch wer wohl mit wem. Zum Beispiel die schöne Frau des Vereinsvorsitzenden, die sich auf diesen Festen von den amtierenden Weltmeistern in den Büschen beglücken ließ – und das nicht nur von einem. O-haua-haua-ha, wie der Kieler sagt.

Oder unsere Wettfahrt gegen das Boot, das die nächste WM gewinnen sollte. In einem spektakulären 500 Meter Rennen schlugen wir den nächsten Weltmeister. Damit war unser Ehrgeiz auch schon befriedigt.

> *In Eckernförde lieh ich mir ein superschmales Rennskiff aus, ruderte einige Kilometer in die Ostsee und kenterte, weit draußen, völlig allein. Es reicht eben ein falscher Riemenschlag und man liegt im Wasser. Wieder reinklettern? Eigentlich unmöglich. Es dauerte bestimmt eine Viertelstunde, bis ich wieder auf dem Boot war. Eine gelungene Aktion.*

Oder die abenteuerliche Fahrt die Schwentine aufwärts. Dies ist ein immer enger und flacher werdender Fluss, der in den Kieler Hafen mündet. Wir fuhren den so weit wie möglich aufwärts und auch noch ein Stück weiter – bis wir endgültig auf Grund liefen. Hat dem Boot nicht besonders gutgetan. Aber uns.

Oder in Strande, weit draußen an der Förde, als wir in einem veritablen Achter vom Sturm überrascht wurden. Es dauerte beim eiligen Ablegen vom Strand ungefähr anderthalb Meter, bis das Boot vollgeschlagen war und wir alle bis zu den Brustwarzen im Wasser saßen. Aber wir haben es dann doch noch geschafft.

Sehr gerne lieh ich mir aus dem Bootshaus ein Skiff. Ein Skiff ist ein Renn-Einer, extrem schmal, nicht viel breiter als dein Becken, 4 m lang und schnell wie sonst nichts. Ein solches Boot konnte ich mir jederzeit ausleihen und dann, so oft ich wollte, zu den weit entfernten Stränden der Kieler Förde rudern, wo ich mich dann angemessen bewundern ließ.

Eine starke Zeit.

Die leeren Lehren

Schiffsmakler oder Industriekaufmann sollte ich
lernen, wollte ich nicht lernen.

Mittlere Reife. Was nun. Keine Ahnung. Wie es in
bürgerlichen Kreisen so Usus ist – eine
kaufmännische Lehre musste her. So landete ich in
Kiel am Kiel Kanal, an der Holtenauer Schleuse. Dort
sollte ich in die kaufmännischen Regeln des
Schiffsmaklergewerbes eingewiesen werden, um
später was zu machen, ja was? Was? Was? Diese
Lehre war schon mal das Härteste. Nicht nur immer
wieder 24-Stunden-Schichten, sondern auch ein
sehr rauer Ton. Das mir, dem faulen Sensibelchen
mit dem Hang zu frechen Witzen.

Interessant war es aber, die ein- und auslaufenden
Schiffe in der Schleuse zu betreuen. Sowie eines
angemeldet wurde, das von uns betreut werden
sollte, musste ich an Bord klettern, um mit dem
Kapitän alles Notwendige abzuwickeln. Das
bedeutete bei großen Schiffen über frei
schwebende Holzleitern auf Deck zu klettern, sich
zur Brücke durchzuschlagen, um mit dem Kapitän
erst mal einen schönen Schnaps zu trinken und
noch einen, denn der war froh, mal ein anderes
Gesicht zu sehen. Dann wieder runter denselben
Weg, ins Büro, die Abwicklung auf den Weg
gebracht, wieder zurück aufs Schiff, komm, noch
einen Schnaps – so ging das die ganze Schicht
lang.

Das heißt, nach zwei Stunden war ich recht gut
abgefüllt und die Kletterei aufs Schiff war auch

nicht ungefährlich, denn zwischen Schiff und Schleusenkante kabbelte das offene Schleusenwasser und wartete nur auf den Absturz des angetrunkenen Jürgen, um ihn für immer zu verschlingen. Zudem gab es in diesem zollfreien Gebiet Zigaretten ohne Ende und ohne Geld. Was das bedeutet, kann sich jeder Raucher ausdenken. Die Kapitäne waren gut drauf, aber meine Vorgesetzten mochten mich nicht, ich mochte sie auch nicht.

Hängen geblieben ist eigentlich nur ein Erlebnis, als ich plötzlich ein Mädchen in einer Kapitänskajüte entdeckte, das gerade von diesem Schiff gerettet worden war. Es kam von einem Segelboot, dessen Skipper über Bord gegangen war und von der Restmann-schaft nicht wieder an Bord gezogen werden konnte, weil er einfach zu schwer war. So ertrank er jämmerlich in den Händen seiner Mannschaft. Entsprechend konsterniert und geschockt saß dort das Mädchen. Später habe ich sie noch einmal kennengelernt als Freundin eines Freundes. Wir verbrachten eine tüchtige Nacht miteinander. Ja, so klein ist die Welt.

Nun gut, aber nach wenigen Monaten wusste ich, diese Tortur würde ich nicht lange aushalten und so kündigte ich – und stand wieder vor dem Nichts. Was nun?

Die nächste Stufe der Ausbildung: eine kleine

Farbenfabrik, eine Klitsche vor den Toren Kiels. Dort saß ich in einem weißen Kittel, der mich als Büro-Mitarbeiter auswies in der Buchhaltung, der Lagerbuchhaltung, im Versand – alles Arbeiten, die ich von Grund auf hasste und entsprechend widerwillig erledigte. Heute wird mir klar, dass ich mit ein bisschen sportlichem Ehrgeiz für gute Arbeit mir auch eine bessere Zeit hätte verschaffen können, aber ich hatte einfach keine Lust. Ich wollte was anderes, ich wollte was Besseres, wollte Journalist werden. Aber dazu hätte ich studieren müssen, dazu hätte ich Abitur haben müssen. Alles unerreichbar.

In der Farbenfabrik gab es eigentlich nur eines, was mich wirklich interessierten: Die Produktion, in der ich Arbeiter kennenlernte, die eine halbe Tonne Farbe mit einem 100 kg Farbensack über der Schulter in kurzer Zeit den exakt richtigen Farbton mischen konnten. Denen habe ich gerne geholfen.

> *Um von den Arbeitern geachtet zu werden, was mir wirklich wichtig war, erprobten sie meine Toleranzgrenze: Hier Jürgen, riech mal in den Eimer, aber richtig doll. Also nahm ich einen ordentlichen Hieb und rums lag ich in der nächsten Ecke. Reines Ammoniak. Was haben die gelacht.*

Das Schönste war, an heißen Sommertagen Sand in eine rotierende Röhre zu schaufeln, um eine dort erfundene Emulsion herzustellen. All das machte für mich mehr Sinn, als Lagerbestände mit Durchschreibebuchführung zu dokumentieren und

Zahlenreihen zu addieren. Mit Abstand war ich der schnellste an der Olympia Rechenmaschine, aber auch der mit den meisten Fehlern. Nicht zuletzt auch darum, ging es mit dem Unternehmen langsam zu Ende. Denn wenn schon Bankmitarbeiter durch die Produktionshallen schlendern, um den Wert der Maschinen zu schätzen, wird es langsam eng. Und es dauerte nach drei frustrierenden Lehrjahren auch nicht mehr lange, bis das Unternehmen in Konkurs ging.

Um es nun noch einmal auf Deutsch zu sagen, es war die beschissenste Zeit meines Lebens. Aber der Lehrabschluss war die Voraussetzung, um weiterzukommen, um überhaupt etwas zu erreichen. Also: Gott sei Dank habe ich das durchgehalten. Dafür kann ich mir heute noch auf die Schulter klopfen – und das zu Recht.

Das ist doch nicht gesund

<u>Alle Krankheiten dieser Welt – und einige mehr.</u>

ABZESS
Eine Biene, sticht mir ins Auge, in die Augenhöhle.
Mitten im 2. Weltkrieg, ich war keine 2 Jahre alt.
Eine veritable Entzündung folgte. Der Knochen
wurde angegriffen, Lebensgefahr. Keine Hoffnung.
Ein Krankenschwester rettete mir das Leben. Mit
Penicillin. Seitdem ist meine linke Augenhöhle
etwas größer als die rechte.

RUHR
Nach dem Krieg waren die sanitären Verhältnisse
zweifelhaft: Und: Wir waren Flüchtlinge, wohnten
unterm Dach eines alten Hauses. Gewaschen und
gekocht wurde aus dem gleichen Topf. Ich bekam
die Ruhr. Mal gerade vier Jahre alt. Und diese Ruhr
griff mein Knochen an. Mein Skelett wurde immer
weicher, die Beine krumm. So musste ich an beiden
Beinen Schienen tragen, in denen ich dann durch die
Gegend klapperte. Und doch hat das meiner guten
Laune nicht geschadet, sagt man heute noch.

KINDERKRANKHEITEN
Natürlich wurde ich von allen Kinderkrankheiten
besucht: Masern, Windpocken. Mumps – alles ganz
normal.

PARATYPHUS

überwältigte mich und meine Schwester. So verbrachten wir zusammen 8 lange Wochen Isolation in einem Krankenhaus – mit Salzwasser gequält, das sollte heilen. Das Schöne: Meine Mutter besuchte uns nach der Arbeit Tag für Tag für Tag. Und brachte immer was zu lesen mit. Hefte. Mein Vater hatte keine Lust auf Krankenhausatmosphäre – er besuchte uns nie.

WÜRMER

Das war nach dem Krieg normal. Würmer, die sich von meinen Innereien ernährten. Sie waren zwar klein, aber äußert zahlreich und freuten sich, wenn ich sie zusammen mit dem Stuhlgang an die frische Luft beförderte. Die meisten aber blieben drin. Ja, so war das in den 50er-Jahren.

MENISKUSRISS

Schön war es in Kiel. Nur die See war immer zu kalt. Und trotzdem war ich oft in der Seebadeanstalt Düsternbrook. Stand auf dem 3-Meter Brett. Traute mich nicht. Dann stieß mich jemand vom Sprungbrett. Ein harter Schlag auf mein Knie zerriss einen Meniskus. Mit der Verletzung war auch meine Karriere als Leistungsruderer beendet.

NASENBEINBRUCH

Bei der Bundeswehr hatte ich kein Auto, ich war nur Beifahrer. Und es gab noch keine Gurte in den Autos. Als wir mit einem anderen Fahrzeug in voller Fahrt zusammenstießen, schoss ich mit dem Kopf durch die Scheibe. Nasenbeinbruch, Schnittverletzungen, geblutet habe ich wie ein Schwein. Nun haben Sie sich nicht so, sagte der Bundeswehrarzt und nähte die offenen Wunden in meinem Gesicht zu – ohne Betäubung. Noch heute ist meine Nase mit Glassplitter durchsetzt.

GEHIRNERSCHÜTTERUNG
Um von der Bundeswehr entlassen zu werden, simulierte ich eine Gehirnerschütterung. Wollte da weg. 14 Tage Krankenhaus. Für lau. Hat nix genutzt. Auch Ohnmachtsanfälle simulierte ich. Nix da, weitermachen.

BLINDDARM
Ganz normale Entzündung. Raus mit dem Appendix. 1.

GALLENSTEINE.
Ein daumengroßer Gallenstein. Nein, den operieren wir gleich morgen früh, sagte der Arzt, ich habe keine Lust mich irgendwann durch den Eiter kämpfen zu müssen.

SCHLAGANFALL
Ein leichter Schlaganfall. Das linke Bein gab morgens etwas nach. Der Daumen wurde ziemlich taub. Ich mit meinem Auto in die Klinik. Für die Kids parkte ich das Auto am Bahnhof und versteckte den Schlüssel im Tankverschluss. Aber als ich nach 14 Tagen wieder entlassen wurde, wusste ich nicht

mehr, wo der Schlüssel war. Habe das Auto dann aufbrechen lassen. Und mich erst dann an das Versteck erinnert. Nun ist alles wieder o. k., ich bekomme täglich vier Medikamente und bin gut eingestellt.

SCHÄDELHIRNTRAUMA
Ich brauchte Geld. 16 Jahre alt und verdiente mich bei der Apothekerkammer in Kiel als Kurierfahrer auf eigenem Rad.
Meist voll beladen mit Paketen fuhr ich zum Postamt hin und zurück und hin und zurück. Und leider: Kiel ist bergig! Aber dessen ungeachtet baute ich in mein Hinterrad einen kleineren Zahnkranz ein, um pro Kurbelumdrehung noch etwas schneller zu werden. So raste ich also hoch motiviert am kleinen Kieler Bootshafen vorbei. Dort liegen die kleinen Motor- und Segelboote, die es mir in meinen Träumen angetan hatten.

Zu lange schaute ich rüber und dann knallte es nur noch. In hohem Bogen flog ich buchstäblich über einen Lastwagen, der vor mir die Straße querte und mir die Vorfahrt nahm und landete direkt auf meinem Kopf. Ich hatte den LKW einfach nicht gesehen.

So richtig zu mir kam ich erst im Krankenhaus: Schädelbruch, Hirntrauma, Gehirnerschütterung. Allerdings tat mir nichts großartig weh, so viel Schwein muss man erst mal haben.

Als ich nach vielen Wochen die Reste meines Rades von der Polizei abholte, fragte mich der Beamte nur noch teilnahmsvoll: „Das hat der wohl nicht überlebt." Doch, doch, ich bin es.

Noch viele Monate später wurde ich immer wieder ohnmächtig, fiel einfach um, konnte mich ganz schlecht konzentrieren, musste das Gymnasium verlassen und fand mein Glück in der Kieler Goetheschule. Aber das ist eine andere Geschichte.

Das einzig Gute daran war ein Schmerzensgeld, von dem meine Mutter neue Vorhänge kaufte, und ein Zelt, mit dem wir noch viele Jahre mit der Familie an der Eckernförder Bucht zelteten.

18 Monate Wehrkraftzersetzung

<u>Zwischen Wahn und Vernunft</u>

Es begann mit einer Tauglichkeitsprüfung. Ja, ich war tauglich. So ließ ich mich dann einziehen, obwohl es mir möglich gewesen wäre, mich nach Berlin abzusetzen, denn ich hatte dort inzwischen meine Aufnahmeprüfung zum Studium bestanden. Dort hätte ich mich ohne Probleme sämtlichen Nachstellungen der Bundeswehr entziehen können. Das war in der Zeit kein ungewöhnlicher Weg, Berlin hatte Sonderstatus, wer dort lebte konnte nicht eingezogen werden. Aber ich war immer noch neugierig – den Weg des Vaters zu gehen ist ja nicht so ungewöhnlich.

<u>Flieger mit Banjo</u>

Meine Luftwaffen-Grundausbildung absolvierte ich als sogenannter Flieger in einem recht harten Winter in Pinneberg. Ich wusste schon am dritten Tag, dass ich die falsche Entscheidung getroffen hatte. Um nun möglichst unbeschädigt aus dieser Geschichte rauszukommen, wählte ich den Weg des Musikers. Ich hatte ein Banjo, und es dauerte nicht lange, bis ich einen Platz in der Regimentsband fand. Wir spielten New Orleans-Jazz und mussten natürlich möglichst oft üben, Zeiten in denen ich nicht Soldat spielen musste, sondern Banjo. In der winterlichen Kälte ging es dann immer wieder raus auf die vorweihnachtlichen

Märkte, wo wir mit klammen Fingern Musik machten und um Zuschüsse für einen guten Zweck bettelten.

Der Obristen-Vater als Unterhalts-Versager

Während der Grundausbildung erarbeitete ich mir dazu noch eine ganze Reihe von freien Tagen, weil ich oft nach Kiel musste, um mich mit meinem Rechtsanwalt zu beraten. Ich prozessierte gegen meinen vorbildlichen Vater um den Unterhalt, den ich brauchte, um studieren zu können. Dieser wohldotierte Offizier meinte, mit meiner kaufmännischen Lehre sei meine Ausbildung abgeschlossen und damit weitere Verpflichtungen obsolet. Dazu hatte ich natürlich eine komplett andere Meinung. Und so ging es vor Gericht. Das nicht nur einmal, denn nach dem verlorenen Prozess hatte mein guter Vater nichts Besseres zu tun, als in die Revision zu gehen, um sich dort noch einmal eine gerichtliche Ohrfeige abzuholen. Und dies vom eigenen Sohn.

(Übrigens hat er das mit meiner Schwester exakt genauso betrieben und exakt mit dem gleichen Ergebnis. Ich hoffe, ich bin nicht so doof wie er.)

Gottseidank litt ich nur wenig unter den berühmten klassischen Vater-Sohn-Problemen, wie so viele Opfer meiner Generation. Die wurden einfach vom Gericht erledigt: Er war Scheiße und ich bekam recht.

Bemerkenswert, wie zurückhaltend meine Vorgesetzten – selbst Offiziere – diese

Auseinandersetzung bewerteten. Hatte mein Vater als Oberst doch einen Offiziersgrad, wie es ihn im ganzen Regiment keinen gab. Gegen einen solchen Mann prozessiert man nicht – oder doch, oder was ist denn hier los? Und so gab man mir ohne peinliche Diskussionen frei, wenn ich es für notwendig hielt.

<u>Leck am Arsch der Welt</u>

Meine Bundeswehrkarriere war aber damit nicht am Ende. Nach Norden ging es, nach Leck, an die dänische Grenze. Das Starfighter-Geschwader AG 52 - ein sogenanntes Aufklärungsgeschwader – wartete auf mich, Gott sei Dank ohne Atombomben, nur Kameras.

Dort musste ich zunächst erst mal Wache am Tor schieben – eine äußerst stumpfsinnige, eisig kalte Angelegenheit, 19 Schritt hin, 19 Schritt zurück. Das brachte mich auf die Idee, nun Konsequenzen zu ziehen. So simulierte ich während eines Wochenendurlaubs einen Sturz in unserem Treppenhaus, Gehirnerschütterung inklusive. Eine Beule wurde nie entdeckt und auch nicht gesucht – ich kam einfach 14 Tage in ein Krankenhaus, um mich dort von meiner Gehirnerschütterung zu erholen – kerngesund und voll entspannt. Dann ging es wieder zurück, wo ich aufgrund meiner ständigen Kopfschmerzen von einigen lästigen Soldaten-Pflichten befreit wurde. Zum Beispiel von einer winterlichen Dreitageübung, bei weit unter dem Gefrierpunkt. Ich entschuldigte mich mit meinen Kopfschmerzen. „Mensch, Kraaz, wollen Sie ihre Kameraden allein los lassen?" Ja, ich wollte: „Herr

Oberfeldwebel, ich habe Kopfschmerzen, ich darf dann nicht, hat mein Arzt gesagt." Und so legte ich mich drei Tage lang auf mein Bett, spielte Gitarre, bildete mich mit linker Literatur und ließ den lieben Gott Oberfeldwebel sein. Du kannst dir nicht vorstellen, wie verfroren meine Stubenkameraden aus dem winterlichen Lager zurückkamen: knallrot im Gesicht, Eis auf der Stirn, sie taten mir echt leid, aber sie waren auch stolz auf ihre Leistung. Ich nicht.

Ich werde wahnsinnig

Langsam wurde es nun Zeit, mich von der Bundeswehr zu verabschieden, die Daumenschrauben etwas anzuziehen. So meldete ich mich beim Regimentsarzt und erzählte diesem rotzfrech, dass ich bei meinem Wachdienst plötzlich, ohne etwas zu merken, ohnmächtig über den Schranken gegangen hatte, und dort erst wieder zu Bewusstsein gekommen sei. Das war natürlich ein überzeugendes Ding. So schickte mich der Arzt zunächst erst mal zur neurologischen Untersuchung in kompetente Kliniken. Dort wurde mit einer ganzen Kaskade von Kopf-Sensoren mein Gehirn durchgecheckt.

Ich hatte allerdings von meiner Freundin, die Krankenschwester war, gehört, dass man diese Untersuchungen problemlos manipulieren könnte, indem man sein Gehirn einfach in einen unmöglichen Konflikt-Zustand versetzt. Also ein bisschen verkrampfter Wahnsinn, dessen Simulation mir persönlich keine Probleme bereitete. So konstatierte man bei mir in der Klinik einen mehr oder minder großen Dachschaden, der mich sofort von dem ungeliebten Wachdienst befreite.

Versetzt wurde ich in eine kleine Schreibstube, in der ich nichts anderes zu tun hatte, als die neuesten Vorschriften in Ordner abzulegen. Ein unglaublich langweiliger, einsamer und schonender Job. Dabei stieß ich auf die Vorschrift, dass man, um von der Bundeswehr als kranker Mensch entlassen zu werden, ein Jahr lang krank sein müsse. Das war natürlich viel zu lange – ich musste mir einen neuen Weg ausdenken. Also ließ ich mich nach einer neuen Odyssee durch die Krankenhäuser erst mal wieder gesundschreiben – diesmal frei vom Wahnsinn im Kopf – und wurde auf eine eindeutig interessantere Stelle versetzt.

Dispatcher bei den Starfightern

Bei der Luftwaffe wahrscheinlich der beste Job überhaupt: Dispatcher im Wing Operation Center. Das ist die operative Zentrale des Geschwaders, dort sitzt der Offizier vom Dienst und überwacht den Flugverkehr. Die Aufgabe der Dispatchers ist es, die Verbindungen zu den einzelnen Abteilungen und zum Flugverkehr herzustellen, zu überwachen und zu dokumentieren.

> *„Bis 1991 waren 916 Starfighter bei der Bundeswehr im Einsatz, 300 gingen durch Unfälle verloren, davon 269 durch Abstürze. Einschließlich des letzten Unfalls im Jahr 1984 verunglückten 116 Piloten tödlich."*
> *Und ich mittendrin.*

Dieser Job war insofern sehr vorteilhaft, weil wir nur vier Stunden Dienst pro Arbeitstag schieben mussten, so anspruchsvoll war diese höchst entspannende Tätigkeit. Und sie bot den unschlagbaren Vorteil, dass wir einen recht hohen Geheimstatus hatten, so hoch, dass unser Spieß uns nicht mal kontrollieren durfte. Mit geschickten Rochaden und Verabredungen konnten wir uns auf diesem Weg extrem lange Wochenenden basteln. Diese wurden in aller Regel in Kiel verbracht, denn Leck am Arsch der Welt war nicht nur ein paar Kilometer entfernt, sondern auch toter als tot!

So gut arbeitete ich von nun an, so nach Vorschrift, dass ich befördert (Gefreiter Kraaz) und für einen Unteroffizierslehrgang vorgeschlagen wurde. Was war nur aus mir geworden.

Fazit

So vergingen die 18 Monate beim Bund doch noch relativ gemäßigt, aber alles in allem eine verlorene Zeit. Mein Verdienst war es, ein Teil der Abschreckung gewesen zu sein. Allerdings hätten die Ruskies unser Wing Operation Center mit als Erstes abgefackelt. Aber ich glaube, vor mir hatten sie noch am wenigsten Angst.

Die lieben Lieben

Kein Frauenheld. Eher Frauenliebhaber.

Die erste Frau in meinem Leben war natürlich meine Mutter. Eine überaus starke Beziehung, vor allem, nachdem sich mein Vater von meiner Mutter scheiden ließ und unsere kleine Familie Mutter, Schwester, Bruder ziemlich ärmlich zurückließ. Meine zwei Jahre ältere Schwester hatte nun die undankbare Aufgabe, den Kronprinzen zu leiten und zu beschützen. Das tat sie etwas widerstrebend, aber mit viel Aufmerksamkeit und Liebe. Dann noch waren beteiligt an meiner Erziehung die zwei Schwestern meiner Mutter, so dass ich komplett von Frauen erzogen wurde, Männer hätten nur gestört,

Das erste Mal.

 16 Jahre war ich jung. Voller Neid blickte ich auf Paare, die es sich gut gehen ließen. Aber ich sah keinen Weg, selbst aktiv zu werden und so beschäftigte ich mich mit mir selbst.

Also musste der Zufall ins Spiel kommen. Der Zufall in Form einer guten Freundin meiner Schwester, zwei Jahre älter als ich und dem Geschlechtsverkehr mehr als zugeneigt. Diese liebe Freundin verführte mich an einem einsamen Nachmittag. Allerdings lief das Ganze so gefühlsarm ab, dass es mich nur enttäuschte.

Die nächste dann verließ ihren aktuellen Freund aufgrund meiner Überredungskunst innerhalb von

10 Minuten. „Du bist schon was anderes …",
begründete diese Tochter eines Gorch-Fock
Kapitäns. So wurden wir schnell ein Paar.
Allerdings, mehr als Geknutsche kam bei dieser
Sache nicht raus. Um sie zu Weiterem zu
überreden, schrieb ich ihr seitenlange Briefe, die
sie sehr berührten, aber nicht überzeugten.

Diese beiden Mädchen lernten nun meinen besten
Freund kennen, der nichts anderes zu tun hatte,
als sie flugs zu Bett zu bringen. Er war einer von
diesen Typen, die mit 16 schon erwachsen
scheinen und somit bei Frauen Vertrauen wecken.
Das hat der nun tüchtig ausgenutzt, nachdem ich
ihm den Weg frei gemacht hatte. Übel genommen
habe ich es ihm nicht. Dagegen gefreut hat mich
sein Geständnis, dass ihn das alles völlig
überlastet hat. Er war wohl doch noch nicht reif.

Ihre große Liebe.

Es war eigentlich nur logisch, dass ich mich bald
mit einem der Mädchen aus meiner Klasse
zusammentat. Sie war zwar mit meinem Freund
befreundet, aber ich habe sie wahrscheinlich als
erste geküsst.

Sie war schwer verliebt in mich, ich etwas
weniger, und abenteuerlustig bis zum
Gehtnichtmehr. Nachdem ich sie das erste Mal
geküsst hatte, übertrug sie mir eine große
schartige Stelle in Mundnähe. So war unsere
Verbindung nicht länger geheim zu halten. Sie
war eine große schöne Frau mit einem klugen
Kopf, aber leider dem esoterischen Glauben

verfallen, was ich als kitschig empfand – mein Ding war das auf keinen Fall. Viel besser gefiel es mir, mich mit ihrem Körper zu beschäftigen, vor allem in dunklen Hauseingängen, wo wir viele Stunden miteinander verbrachten. Sie genoss auch die Liebe meiner Mutter und meiner Schwester, die dem Steinerschen Denken verbunden war. Diese schöne Verbindung wurde von mir nach langer Zeit recht brutal abgebrochen, weil sexy K erschien.

Sexy K.

Ich verliebte mich in sie, weil sie so süß, so hübsch, so sexy – also genau mein Fall war. Eine äußerst leidenschaftliche Beziehung, in der nichts anderes galt, als sich gegenseitig liebzuhaben. Besuchte sie mich, dauerte der Weg von ihr zu mir eigentlich nur 20 Minuten – gemeinsam zurück brauchten wir meist mehr als eine Stunde, weil wir uns in jedem zweiten Hauseingang dermaßen ausführlich küssten, dass alles andere unwichtig wurde. Und irgendwann schliefen wir auch miteinander, das war noch schöner.

Einer der vielen Höhepunkte unserer gemeinsamen Zeit: Ein Wochenend-Urlaub in einem kleinen Hotel, der so intensiv war, dass ich bei der Rückreise Probleme hatte, meinen Koffer zu tragen, es fehlt danach einfach die Kraft. Eine tolle Zeit.

Eigenartigerweise hatte ich mit ihren Freunden überhaupt nichts zu tun, genauso wenig wie sie mit meinen. Wir hatten mit uns genug.

Ich war völlig überrascht, als sie sich nach anderthalb Jahren von mir trennte. Den Grund habe ich nie erfahren.

Genauso so lange wie die Beziehung dauerte, brauchte ich, um mich von dieser Frau zu lösen. Immer wieder starrte ich von der Straße auf das Fenster, hinter dem sie als Büroangestellte arbeitete, gut sichtbar für den ewig Leidenden. Monatelang wachte ich mit einem üblen Gefühl in der Magengegend auf, nur aus Sehnsucht.

Viele Jahre später trafen wir uns noch einmal in Berlin. Auf mein Bitten, mit mir ins Bett zu steigen, reagierte sie nur ablehnend. Aber wir hatten auch sonst nichts gemeinsam …

Soldatenliebschaft

In Leck am Arsch der Welt, Starfightergeschwader, Flieger Jürgen Kraaz (ja das war mein Dienstgrad) langweilt sich an dem Ort, wo es nur das pure Nichts gibt.

Und so trampte ich an einem schönen Sommertag nach Eckernförde. Dort sollte es einen schönen Strand geben. Und den gab es. Ich liege dort dann ein bisschen rum, schaue mich um und entdecke ein Mädchen – so was Schönes, ich war gleich hin und weg. Bei manchen Frauen weiß man einfach, ja, die ist es.

Also nehme ich meinen ganzen Mut zusammen,

robbe rüber und spreche sie an, so in dem Sinne: Du bist so schön, ich muss Dich einfach ansprechen und so weiter, an Worten fehlte es mir nie.

Alles lief bestens in meinem Sinne und wir verabredeten uns für den Abend. Für dieses Treffen hat sie sich dann noch schöner gemacht und führte mich nach einem Spaziergang in ein Dachgeschoss, das gerade unbewohnt war. Dort schmusten wir dann – mehr nicht.

Viel später, als wir uns zufällig in Berlin wiedertrafen, wollte sie wissen, warum ich sie damals nicht verführt hatte. Ich war einfach zu schüchtern.

Denn dann taten wir es, und sie wollte mit mir zusammenziehen. Aber ich war zu der Zeit vollauf mit der Band Lava beschäftigt. So ließ ich die Gelegenheit verstreichen, einen völlig anderen Weg einzuschlagen, mit einer Frau, die ich sehr gut fand, die Geige spielen konnte und mir irgendwann verloren ging.

Das bereue ich heute noch.

Die schönste Nacht ihres Lebens.

Haare bis zum Arsch, ein alter Nazi Ledermantel – so bewegte ich mich in den 70er Jahren durch Berlin. Und traf Sonja in der U-Bahn. Leider war sie ein Junkie.

Sie war mit ihrer Freundin unterwegs. Zwei

Mädchen, Mitte 20, die eine groß und schön wie die Sünde und die andere blond, klein und lieb. So kamen wir ins Gespräch und verabredeten uns für den nächsten Tag. Ich war natürlich auf die Schöne scharf, aber getroffen habe ich nächsten Tag nur Sonja. Sie war eine ganz liebe und wir kamen uns auch schnell näher. Aber nicht nur das. Zum Beispiel habe ich von ihr gelernt, dass man Gläser, um sie richtig sauber zu bekommen, lange und ständig prüfend mit dem Handtuch polieren muss, um sie erst dann ins Regal zu stellen. Das war nicht meine Welt.

Und Sonja erzählte mir im Laufe der nächsten Tage aus ihrem Leben, von ihrer Jugend – besonders von ihrem Vater, der sie regelmäßig als Kind und Jugendliche missbraucht hatte. Und doch war das Zusammensein mit mir als Mann für sie kein Problem. „Wer freundlich zu mir ist, den lass ich auch ran." Leider wurde dann deutlich, dass Sonja und ihre schöne Freundin, die ich nie wieder gesehen habe, heroinsüchtig waren. Diese Freundin stellte sich vor, dass ich die beiden Mädchen gelegentlich mit Geld unterstützen sollte, damit sie sich ihre tragischen Sehnsüchte leisten konnte. Ich weigerte mich. Und nach eingehender Diskussion wollte Sonja mit meiner Hilfe auch davon runterkommen – was auch einige Zeit funktionierte.

Wir hatten ein schönes Verhältnis, und ich habe nur wenige Male mit ihr geschlafen, immer im Bewusstsein ihrer Geschichte mit ihrem Vater. So rücksichtsvoll benahm ich mich, dass ich mich eines Abends einfach zu ihr setzte, die alte Neil Young-Platte Harvest auflegte und wir gemeinsam, ruhig und entspannt seine berührenden Geschichten aus dem Heroin-Universum hörten. Sonja schlief dann sanft ein. So haben wir die Nacht miteinander verbracht und ich hab sie nicht angerührt. Später schrieb sie mir einen Brief, in dem sie erzählte, dass das die schönste Nacht ihres Lebens gewesen sei.

Bis ich sie wieder ertappte, wie sie mit ihrem Dealer telefonierte. Diesen Dealer traf ich kurze Zeit später vor ihrer Wohnung – das Gespräch wurde hart und heftig – und er zog ein Messer. Was hättest Du gemacht? Für mich war das eine Nummer zu viel und dramatisch schreiend haute ich ab.

Sie will Deine Liebe,
sie will nicht Dein Glück.
Sie hat keine Hoffnung,
es gibt kein zurück.
Sie nimmt von dem Vögel,
der über Dir fliegt
und gibt es dem Engel
der Sehnsucht zurück.
Komm lass uns tanzen,
komm lass uns sein...

Ich habe Sonja dann erst Jahre später in Berlin auf dem Kudamm wiedergesehen und sie erzählte mir, dass sie nun in Therapie sei, aber mit Leuten wie mir nichts mehr zu tun haben dürfe. Denn ich gehörte zu der alten Welt, von der sie sich unbedingt trennen musste.
Mit einem gehauchten Kuss verabschiedete sie sich von mir und ich habe sie nie wieder gesehen.

Sag mir, war das Voodoo?

Wovon andere noch heute schwärmen, habe ich persönlich erlebt. Die 70er Jahre im Berliner Dschungel am Nollendorfplatz. Und traf dort ein Mädchen mit einem lebensgefährlichen Zauber.

Der Dschungel der 70er war einfach die angesagte Kneipe in Berlin, am Nollendorfplatz. Aus meiner Sicht nichts Besonderes, sie passte mir einfach.

„Der Dschungel: Eine Mischung aus Freaks, Künstlern, Punks, linken Studenten, Transen, Musikern und Kriminellen. Alle, die nach Grenzerfahrungen suchten, ein Konglomerat verschiedenster Kulturen und Typen. Eine ideale Bühne zur Selbstdarstellung – ohne Plüsch und Wolkenstores. Jeder fühlte sich als Künstler, als Star. Cool, das war Verklärtheit, Unfreundlichkeit, Arroganz, Zugeschnürtheit, ein bisschen Wagnis." (Schöning)

Und so hing ich dort öfters rum mit extrem langen Haaren, Nazi-Ledermantel und saß plötzlich neben einem schönen, schwarzen Mädchen, das mich sehr interessierte. Länger als eine halbe Stunde wartete ich, um sie dann unvermittelt zu fragen, ob wir tanzen gehen wollen? Gut sagte sie, das wollte ich auch gerade. Und so gingen wir in ein anderes Lokal, weiß der Himmel; wo das war, um dort miteinander zu tanzen, zu quatschen und zum Ausweis meiner Originalität mal so zehn

Sonnengebete hinzulegen. Irgendwann gingen wir dann zu ihr, ein schönes Zimmer, das, wie sich später herausstellte, nicht einmal das ihre war, sondern das ihrer Freundin. Und so schliefen wir miteinander auf eine außergewöhnlich schöne Art und Weise. Aber lassen wir das.

Ich gab in der Zeit den Kraftfahrer an der Schaubühne am Halleschen Ufer und konnte sie auf meinen Fahrten durch Berlin tagsüber immer mal wieder besuchen. Allerdings war unsere Beziehung recht kompliziert, so ekelte sie sich zum Beispiel vor Zungenküssen, war aber ansonsten sehr zugänglich. Am liebsten hatte sie es, wenn ich ihr etwas vorlas. Dazu benutzte ich ein richtig dickes Buch: Auf der Suche nach der verlorenen Zeit.

Leider war sie nicht besonders treu, was mich sehr traf und mir zum Abschied noch einen Tripper mitgab. Wenn sie mich besuchen wollte, musste sie lange mit der U-Bahn fahren und eine halbe Stunde zu Fuß gehen – ich hatte kein Telefon, keinen Fernseher, aber übte Klavier.

Irgendwann begann dann der große Konflikt. Ich hoffe, du weißt, wo dein Drittes Auge sitzt, mitten auf der Stirn, über den Augen. An diesem Punkt spürte ich, wenn sie mich besuchte, nach einiger Zeit ein leichtes Kribbeln, eine Art Taubheit. Diese Taubheit breitete sich dann langsam über die gesamte Stirn aus. Immer weiter ging es, ich wurde nahezu komplett taub, bis nach zwei Stunden der ganze Körper wie unter Schockstarre völlig gefühllos wurde.

Ich war konsterniert, ging weg, es dauerte einen

ganzen Tag, bis ich mich davon erholte. Ich wollte es nicht wahrhaben, ging wieder zu ihr und wieder überwältigte mich nach kurzer Zeit die Lähmung. Wieder ging ich weg, wieder erholte ich mich, wieder ging ich zu ihr und immer stärker und immer schneller wurde ich gefühllos. Ich sprach mit ihr darüber, sie wollte es nicht glauben. Und die Menschen, die mich sahen, schüttelten nur den Kopf, so daneben schien ich. Niemand konnte mir helfen, nicht einmal ich.

Gerettet hat mich ein ferner Freund, der uns vom Lande her besuchte und merkte, dass ich unbedingt eine Ortsveränderung brauchte, und zwar eine richtige. Er lud mich ein, mitzukommen aufs Land, dort wo ich Michaela kennenlernen sollte. Das war meine Rettung.

Später noch nach vielen Jahren traf ich meine schöne schwarze Freundin einmal wieder und sofort – oh, nein - begann wieder dieses rätselhafte Kribbeln auf der Stirn.Sie beklagte sich darüber, dass alle ihre Liebhaber, die sich von ihr trennen würden, anschließend die Frau ihres Lebens kennengelernt hätten. So wie ich.

Ich habe nie herausgefunden, was diese Frau mit mir gemacht hat. Weißt Du es?

THANK YOU.

Als Tramp nach Kabul und ohne Geld durch Afghanistan, Iran, Türkei, Griehenland nach Berlin.

Fünfhundert Mark in der Tasche, viel Zeit und Neugier, so trampte ich los aus Berlin – und mitten in Afghanistan war alles Geld weg. Der Tramp zurück war aufregender als hin mit. Dabei bin ich einige Ängste losgeworden.

Hab ich Probleme,

hab ich keine Probleme.

Gibt's das?

Wer noch nie einen Esel schreien und stöhnen gehört hat, kann sich nicht vorstellen, was diese Tiere arbeiten können. Es sind eben richtige Esel.

Einmal habe ich gesehen, wie ein Herr seinem Esel auf sein Geschrei hin Futter gab. Beide haben sich gut verstanden.

Die besten Eseltreiber reiten den Esel ohne Stock. Sie schnalzen mit der Zunge und dirigieren das arme Tier mit Liebe. Das trifft den Esel doppelt und den Reiter dazu. Ich begreife, wie Mensch und Tier zusammen arbeiten. So kann ich mir selbst helfen.

ÜBER-ICH:

RED DU ÜBER MICH,

RED ICH ÜBER DICH.

Furcht: hab ich und Du auch nur

davor.

Danach gibt es alles, was wir vorher

nicht hatten. Und kommt

wie von selbst.

Beim Schreiben

kann ich endlich mal ausreden.

Das tut gut.

Die Meister sind Meister

der Disziplin.

Sie haben sich entschieden und
ausgehalten, wie es die Natur mit ihnen
trieb.

(Sie verständigen sich in einer Sprache aus
Symbolen (Blicke, Gesten, Worte). Jedes
Symbol weist auf eine geleistete Arbeit hin.
Gleiche Symbole bedeuten gleich geleistete
Arbeit. Man versteht sich.)

In der Wüste von Afghanistan

träumte ich von einem dicken Buddha,

der von nichts anderem lebt als Luft.

Er sitzt auf dem Boden seiner Zelle

und macht sich keine Sorgen.

 Wenn ich an mich selber glaube,

glaube ich an Gott.

Übrig bleibt

das Christentum,

als Beispiel.

Heute atme ich auch durch die Ohren.

Wenn ich spreche,

höre ich nicht,

was ich sage.

Keiner glaubt mir.

So atme ich.

Satt kann ich nicht über Hunger schreiben.
Puh.

Das Chaos lichtet sich

und nichts ist mehr da:

meine große Angst.

Immer ran, immer ran, immer ran.

In München begann ich wieder Nietzsche zu
lesen. Ein undankbarer Freund.

In einem Land, wo es nur wenig zu essen gibt, habe ich mir um das Essen wenig Gedanken machen müssen. Es kam, wenn es Zeit für mich wurde. In einem Land, wo es viel zu essen gibt, muss ich mir viel Gedanken darum machen. Was ich nicht will.

Mir geht es gut.

Lieber Gott, mach mich fromm,

dass ich in den Himmel komm.

Und wie hat Krupp das gemach

Heute mal wieder:

Nichts als Worte.

Und irgend etwas

ist doch dran.

Die Turmuhr läutet.

Angenehm wild.

Ein wirklicher Kummer ist Hunger.

Und schon ein gemeinsames Lachen hat den Hunger entblößt: Ein Ersatzbedürfnis für die große Liebe zwischen den ganzen Menschen.

Streuselkuchen kann man kaufen.

Besser Kunst als Anderswo. Gschami.

Nach Jugoslawien fuhr ich von Österreich mit einem jugoslawischen Ingenieur, der für IBM in Jugoslawien arbeitete. Er sah aus wie Archer Weaver und war drauf und dran, an seine Aufgaben zu glauben. Wir fuhren durch die schönsten Berge und Täler. An einer Quelle hat er nie gehalten.

In Österreich gehe ich auf der Straße – die Berge neben mir an der Straße ragen steil in die Höhe. Die Sonne scheint klar, Heidi ganz nah. Soll ich nach oben, eine Woche dort? Nein, ich will weiter als die Berge reichen. So trampe ich mit dem glattesten Typen, I ever have seen. Seine Sonnenbrille war seinem Gesicht in einem Maße angepasst, dass ich die Augen schon gar nicht mehr vermisste. Wir fahren bis zum Wörthersee. Mitten zwischen den Menschen dieser urlaubenden Welt lasse ich mich auf dem Steg nieder, ziehe meine schweren Stiefel aus und lasse die Füße über dem Wasser baumeln. Hier lässt es sich gut faulen.

Die Yugos nehmen nur ungern Tramper mit. So stehe ich hinter Ljubeljana stundenlang an der Straße und freue mich, wenn einer auch nur abwinkt. Den Platz, auf dem ich stehe, habe ich von einem Engländer geerbt, der selbst nach einigen Stunden Wartezeit zum Bahnhof ging. Er wollte mit einem Zug nach Istanbul fahren – dorthin, wo ich hin will. Für 50 Mark. Zu teuer.

Ich bekomme Hunger. Und ich weiß, es ist ein Hunger, der nicht richtig ist. Mit Sicherheit wird genau dann das richtige Auto vorbeifahren, wenn ich esse. Ich esse.

Und es passiert: Ein französischer Peugeot fährt vorbei, hält beim nächsten Tramper. Sie haben mich nicht einmal gesehen.

Lange hält der Wagen fünfzig Meter weiter. Diskussion mit einem Tramper. Ein anderer eilt hinzu, langes Palaver. Einer der beiden löst sich von der Gruppe, kommt zurück, setzt sich zu mir: „Die suchen jemanden mit Führerschein, der einen Peugeot nach Istanbul fahren kann." Ich laufe sehr schnell, erreiche den Peugeot noch. Drei iranische Gesichter schauen mich prüfend an. Keine Gefahr, mein Führerschein gilt.

Wir holen einen zweiten 504 aus Isenic. Sie

drängen. Wir fahren sofort los. Nach Istanbul. Es wird dunkel, es beginnt zu regnen. Ich kenne den Wagen nicht. Alles geht sehr schnell. Der Fahrer vor mir sieht, dass ich den Anschluss nicht halte, fährt auf den Seitenstreifen, ich hinterher. Er bremst scharf, ich auch. Aber ich komme ins Rutschen und fahre ihm hinten rein.

Der Regen wird stärker.

Es ist freitagabends. Bis Montagabend müssen wir in Ljubeljana bleiben, um den Wagen wieder fahrbereit zu bekommen.

Am Sonntag sehe ich bei einer jugoslawischen Familie das Endspiel um die Fußballweltmeisterschaft. In Farbe. Die Deutschen gewinnen. Großer Ljubel? Na ja.

Die Iraner wollen mit ihren Autos im Iran schwer Kohle machen. Sie nehmen den Unfall very, very cool – kein böses Wort. Nur eine Frage: In Ljubeljana hatte ich Zeit, mein zerbrochenes Brillenglas einsetzen zu lassen. Als ich nun mit Brille fahre, fragt mein iranischer Beifahrer, warum ich jetzt mit Brille und… No comment.

Mir wird bedeutet, ich solle langsam fahren. Der vordere Wagen fährt mit hoher Geschwindigkeit voraus und wartet nach ein, zwei Stunden auf mich, um dann wieder schnell weiterzufahren, um dann wieder auf mich zu warten.

Jugoslawien, Bulgarien, türkische Grenze.

Wer es nicht kennt: Kommst Du in Edirne
über die Grenze, beginnt dort der Orient. Mit
Düften, Lichtern, Lauten. Du bist woanders.
Du bist in einer anderen, alten Welt.

Sie sagen: der Iran ist zu heiß für Dich.

Da will ich hin.

Als wir uns kurz hinter der iranischen
Grenze verabschieden, schreibt Ghadez,
mein Freund und Beifahrer, auf ein Stück
Papier die Sätze, mit denen ich durch den
Iran komme.

Die ACHT IRANISCHEN HAUPTSÄTZE:

2. چای فروشی کجاست؟

3. من می خواهم مقداری غذا بخرم.

4. من می خواهم بروم به ...

5. من چلو کباب می خواهم.

6. من می خواهم بلیط بخرم.

7. دفتر گردشگری کجاست؟

8. ایستگاه قطار کجاست؟

من هرگز به یادداشت نیاز نداشتم،

1. I want a cheap hotel.

2. Where is a tea shop?

3. I want to buy some food.

4. I want to go to...

5. I want a chelove Kebab.

6. I want to buy a ticket.

7. Where is the tourist office?

8. Where is the train station?

9. Ich habe den Zettel nie gebraucht, Ghadez, my Friend.

Zuletzt sind wir drei kräftig gelaufen, damit ich den Bus nach Teheran noch bekomme. Vorher habe ich Gahdez in einer viertelstündigen Lektion das Autofahren beigebracht. Er wollte gern selbst nach Ghom fahren. Ich war ein Fremder.

Teheran ist ein heiße, hässliche Stadt. Der erste Mensch, mit dem ich dort sprach, war Tom, ein Engländer. He did make 50 Pounds. He bought Traveller Checks for 50 Pounds. Next day he sold them in a little village near by Teheran, went to the Teheran-Central-Bureau of the bank and cried: "My traveller checks and my Passeport are stolen. You have to give me new checks." And they have to. Now he has to wait for a new passeport. Not too long. Er kannte Leute, die haben auf einen Schlag 1000,- Dollar in diesem Geschäft gemacht. Nach dieser Geschichte habe ich mir drei Tage lang keine Sorgen um Geld gemacht.

Zu viert fahren wir in einemalten Peugeot 403 Richtung Afghanistan. Ein Belgier, ein Schweizer, ein Franzose und ich. Deutsch.

Wir fahren Tag und Nacht.

Nachts ans Kaspische Meer.

Wir sehen nichts, hören nur die leise Brandung.

In einem Tea-House in Masshad sitzen wir angedöst und sprechen über nichts. Ein paar Tische weiter unterhalten sich zwei Taubstumme. Sie verziehen die Gesichter, schneiden sich Grimassen und gestikulieren wild und ausdrücklich. Es geht um Tee, einen Spiegel und die Rüpeleien der Jungen. Als das Leben um sie herum zu bunt wird, beginnen Sie plötzlich lauthals zu schimpfen: Sie können sprechen. Und wie. Aber Gesichter ziehen macht viel mehr Spaß, und gleich sind sie wieder drauf. Schaut man genau hin, lassen sie tief blicken. Ich traue mich kaum, möchte nicht stören. Ungeniert fotografiert der Belgier die Szene. Einer der beiden Stummen winkt mir zu. Ich soll kommen. Zögernd stehe ich auf, er kommt mir entgegen, in der Mitte des Raums treffen wir uns. Unauffällig gibt er mir ein kleines Stückchen in die Hand. Shit, denke ich.

Der Schweizer mit uns weiß es besser: Opium. „Be careful, davon wirst Du noch öfters bekommen in diesem Land." Wir haben das Piece dann alle zusammen geraucht, dicht vor der Grenze nach Afghanistan. Der Himmel hat nachts dort so viele Sterne, dass man kaum den Himmel sehen kann.

(Es war dort, wo der Zaun zwischen den beiden Ländern mehrere Meter hoch ist. Wenn der Wind durch die hohen Stahlstangen streicht, heult der Zaun über das ganze Land - lange, laut, weit.)

Ein Grenzzaun.

Den Kopf auf der Lehne, den Himmel über uns, rauchen wir. Der Schweizer erzählt eine Geschichte, wie er ohne Geld von Afghanistan nach Hause getrampt ist. „Das geht", sagt er, „hinterher habe ich noch 55 Kilo gewogen. Manchmal bekommt man ein paar Tage nichts zu essen, aber das ist nicht so schlimm." Das möchte ich auch erleben müssen.

Die Flagge von Afghanistan zeigt Schwarz, Rot, Grün. Die deutsche Schwarz, Rot, Gold. Afghanistan, ein grünes Land, hoffe ich. Und so hoffen auch die Afghanis. Ihnen fehlt nur ein wenig deutsches Geld, Grün daraus zu machen.

Und Du?

Better go than hope.

An der Grenze von Afghanistan besitze ich 6000 Afghanis, Afs genannt. Ein Af ist fünf Pfennig wert. Ein Brot kostet vier Afs.

Ich bin ein reicher Mann in Afghanistan.

Für die Fahrt von Teheran nach Kabul habe ich an den Belgier 15 Dollar gezahlt. 750

Afs. So viel kostet auch der Bus.

SUPER-PAYAM-HOTEL

Zweibettzimmer. 50 Afs die Nacht.

Mit Philipe, dem Franzosen.

Ihn kenne ich schon von der türkisch-iranischen Grenze. Unterwegs nach Indien trifft man oft dieselben Menschen. Die Route ist klar, einer ist mal schneller, der andere mal weiter. In Kabul ist große Station.

Dauernd zähle ich mein Geld. Wenn ich jetzt zurückfahre, reicht es gerade noch für Bus, Bahn und Spesen. Das will ich nicht.

In Herat, dicht hinter der afghanischen Grenze, habe ich beim Geldwechseln meinen Pass auf der Bank of Afghan liegen gelassen. Denn mitten zwischen den Touristen entdecke ich eine hübsche Französin. Geld umtauschen und nach den Frauen schauen, das führt zum Schielen. Ich merke erst am späten Abend, während der einen Tag und eine Nacht dauernden Busfahrt nach Kabul, was los ist mit mir. Mein erster Gedanke: raus aus dem Auto, ohne Pass kommst Du nicht weit. Aber die Bequemlichkeit siegt. Ich fahre mit bis nach Kabul. Das wird Folgen haben.

Am nächsten Tag auf der Botschaft telefoniere ich mit der Bank in Herat. Der Pass wird nicht nachgeschickt. Ich muss zurück. 1000 Kilometer mit dem Bus. So habe ich wenigstens etwas zu tun.

Meine Kollegen liegen in den Hotelbetten und langweilen sich auf fürchterliche Weise. Das Klima haut sie um, aber warum gerade aufs Hotelbett?

Eine Coca Cola kostet 8 Afs.

STOP ruft ein Soldat, als ich gedankenverloren an ihm vorübergehe. Ich blicke hoch, grüße mit Kopfnicken und gehe weiter. Thank you.

Ein weißes Mädchen fächelt sich in der heißen Luft von Kabul mit einem Fladenbrot frische Luft zu. Jo.

Ich will nach Herat trampen, nicht mit dem Bus, meinen Pass holen. Nach langer Wanderung durch die Stadt früh am Morgen setze ich mich in glühender Luft an den Straßenrand und zeige den Autos meinen Daumen. Die Afghanis: Sie lachen mich aus, hoch auf ihren Lastwagen. Ich bin schwach. Ich weiß es, sie sehen es. Am späten Nachmittag nimmt mich ein alter Mann aus der Sonne heraus und führt mich in ein Teehaus, es ist weit vor der Stadt. Ich bekomme Tee wie noch nie. Ein Glas Wasser, einen Löffel, das Glas mit Tee, eine Schale mit Zucker. Ich bin halb von Sinnen vor Durst, doch erst esse ich ein wenig Brot. Der erste Schluck Tee rollt wie ein schweres Element über meine Zunge. Was war Durst? Ein zweiter Tee wird mir angeboten. Ich lehne ab. Mir ist gut. Ein Junge reicht grünes Pulver herum, man wirft es sich unter die Zunge. Haschisch? Ich werde gierig und bestelle einen zweiten Tee in der Hoffnung, das Pulver auch angeboten zu bekommen. Nichts, natürlich. Am Abend muss ich zurück nach Kabul.

Der zweite Versuch, nach Herat zu kommen. Jetzt fahre ich mit dem Bus. Ich steh mit der Sonne auf. Auf dem Weg zur Bus-Station gehe ich durch die Stadt. Es ist noch ganz still. Zwei Hunde kommen mir entgegen, spielen und begleiten mich. Ich werde stolz darauf. Daraufhin verliere ich den ersten Hund nach wenigen hundert Metern. Der andere hält zu mir. Ich beobachte ihn, passe auf, dass er mit mir über die Straße kommt, gehe nicht dort, wo es gefährlich für ihn ist.

Wir bleiben zusammen, der Hund und ich.

Ich fühle, dass ich zu spät zum Bus komme und beeile mich. Der Hund stellt sich mir in den Weg. Ich stolper über ihn, fass das als Warnung auf und gehe wieder langsamer. Aber dann ergreift es mich doch. Um fünf Meter Weg zu sparen, geh ich weiter auf der Straße, nicht auf dem sicheren Bürgersteig, schaue nicht nach links oder rechts, der Hund wird mir egal, will nur noch den Bus erreichen, und der Hund macht nicht mehr mit. Er verschwindet einfach.

Und der Bus war natürlich auch schon weg.

I WAS VERY PROUD

PROFESSIONAL

NOW I AM ILL

I CANT CANNOT

HOLD STILL

ISOLATION

GO SLOW

ANOTHER MEANWHILE

CANNOT TOUCH ME

SO I AM PROUD

I HAVE

A LITTLE ONE

21 JULI?

1 Dollar 56 Afs.

1 Mark 22 Afs.

Kabul-Herat-Kabul

mit dem Bus 400 Afs

Blind Magic.

20 Stunden im Bus. Das Schwierigste ist
das Wachbleiben, weil es so müde macht.
Ich wache auf, am frühen Morgen, die Nacht
hinter mir. In Herat. Der Busfahrer hat mich
einfach liegen lassen, da auf der Bank.

In Bewegung easy.

Heavy versack ich in jedwede Stimmung,
das Ende zu erreichen.

Ein Tramper-Traum hat sich erfüllt:

Kabul

Passeport: away

Money: away

No work

A friend

Ich weiß nicht, wer mein Geld jetzt hat. In
Herat sagten sie mir: Ihren Pass haben wir
nach Kabul geschickt. Mit der Post. Ach so.
Sie müssen jetzt nach Kabul, zur Bank of
Afghanistan. Ja.

So lieg ich auf dem flachen Dach eines
Wohnhauses in Herat, dicht am
schützenden Schornstein und rauche mit
einem anderen, bis mir der Kopf zufällt.

Im Bus nach Kabul sind wir nur wenige. Von
Beginn an habe ich Angst um mein Leben.
Der Fahrer kann nicht fahren. Ich fühle es,
sehe es, immer wieder, Kurve für Kurve. Eine
Schreckensfahrt, die durch das ausgiebige
Rauchen besonders schrecklich wurde. Ob
in diesem Zustand oder im Schlaf jemand
mein Geld gestohlen hat? Noch einen Tag
vorher habe ich es an einen anderen Platz

gehängt: bis dahin am Sack, near by den Eiern, neuerdings an der Brust. Ein Fehler.

In Kandahar, auf halber Strecke, schlafen alle im Hotel, nur ich nicht. Ich schlafe im Bus, dusche aber morgens heimlich im Hotel − habe ich in der Hast des schlechten Gewissens das Geld in der Dusche hängen gelassen? Es ist weg.

Ich begann, den Bettlern, meinen Freunden, kein Geld mehr zu geben. Ich war hart geworden, weil ich mir mit meinen 200 Mark wie ein armer Mann unter den reichen Touristen vorkam. Luxus-Bube, der ich war.

Und ich lernte nichts daraus.

Noch am nächsten Tag verlor ich nach meiner Rückkehr in Kabul mein Portemonnaie, da war noch ein Vermögen drin, ein 20 Schilling-Schein aus Österreich und ein Fünfmark-Stück.

Dann erst begriff ich. Und kehrte um.

Die letzten Afs teilte ich wieder mit den Bettlern, wie es sich gehört. Und siehe, am nächsten Tag fand ich mein Portemonnaie in meiner Westentasche - dort, wo es immer gewesen war?

Ein letzter Akt, meinem Schicksal zu entgehen:

ICH ALS UNTERNEHMER.

Ich will Geld verdienen.

Ich will nicht ohne Geld zurückfahren.

Ich will mich nicht von der Botschaft finanzieren lassen.

Ich will keine alten Freunde um Hilfe bitten.

Ich will es selbst schaffen.

Erst mal ans Geld ran.

Ich gehe zu dem Bus-Unternehmer Kabul-Herat. Wir kennen uns schon von meinen Irrfahrten. Lange dauert es, bis ich ihm begreiflich machen kann, was ich will. In der Nähe von Kabul steht ein See, Kargha-Lake. Ich habe gehört, dort kann man baden und sich zwischen den Bäumen sonnen. Ich habe viele Leute getroffen, die gern in dieser heißen Stadt einmal baden gehen würden. Und Bäume, wo gibts die schon. Also – was kostet es: ein Bus für ca. 30 Leute, morgens zum Karga-Lake, abends wieder zurück? Ein Bus dorthin und so: 300 Afs. Nein, 400 Afs. Nach längerem Handeln doch 300 Afs. Ich rechne. Wenn ich den Bus einigermaßen voll kriege, pro Person 30 Afs - ich könnte über 500 Afs verdienen. Die ganze Geschichte zweimal die Woche – ich wäre saniert.

Tomorrow sollte es losgehn sagt der

Busunternehmer. Tomorrow? Oha, dann müsste ich heute noch 30 Leute zusammenbekommen, die mit mir fahren. Und der Tag war nicht besonders heiß gewesen. Ein Risiko, aber wenn er sagt tomorrow, dann tomorrow. Ich gehe sofort los. Den ganzen Abend rede ich mit Touristen, Freaks und Einheimischen, solange, bis ich nicht mehr kann. Jeder, der mit zum Karga Lake will, muss mir Namen und Hotel nennen, damit ich die Übersicht behalte.

Morgens ganz früh raus, hin zum Bus-Chef. Er lacht, freut sich, hält alles für eine großartige Idee. Wir trinken Tee, geben uns oft die Hände, und mir wackelt das Herz, hoffentlich klappt?s. Dann fahren wir zusammen mit einigen neugierigen Afghanen zum vereinbarten Treffpunkt. Da stehen sie: acht meiner Kunden, zwei zu wenig, um kostendeckend fahren zu können. Wir warten noch, keiner kommt mehr. Ich zurück zum Chef: „All finished now, not enough money for you and me." Er kann es nicht glauben, schickt mich noch einmal los. Es war doch alles so gut eingefädelt. Aber es ist wirklich finished. Wir sehen uns noch einmal traurig in die Augen, er will kein Geld, geht gleich weg. Ich verabschiede meine treue Kundschaft, bedanke mich, empfehle ihnen den Linienbus mit zweimal Umsteigen für 10 Afs und verschwinde von der Money-Bühne. Später zähle ich zum ersten Mal, wie viele Menschen ich am Abend vorher angeworben habe: 13 feste Zusagen. Das war zu wenig, aber mehr war wirklich nicht drin, mein Freund.

Nun ist alles Geniale

erstmal vorbei.

Unsicher hänge ich

in der Grube.

Geld gibt es

ohne Katzbuckeln wo?

Freiheit überzogen.

Mich verkaufen?

Arsch auf?

Ein Weg nach vorn?

Ich bin Anfang.

Poor (pur)

Ich fürchte die Sonne.

Am Rand von Kabul, auf dem Weg zurück.
Ohne Geld. Ich warte auf Autos, die mich
mitnehmen sollen. Alles ist hell, ich stehe im
Schatten. Aber es ist sehr heiß. Richtig gut
finde ich diesen Platz selbst nicht. Wenn ich
mich nicht mag, mögen mich die Autofahrer
auch nicht. Was sollen sie auch mit mir
machen? Das muss genügen. Fertig.

Ich gehe durch das nächste Tor zu einem
Haus. Es ist breit und groß. Zwei Männer
liegen im Schatten und schlafen. Ich bitte
um Wasser. Ich bekomme Wasser und soll
mich zu ihnen setzen. Es ist früher
Nachmittag. Sie bringen Weintrauben, mehr
als ich essen kann. Danke, brauche ich nicht
zu sagen. Ich lasse es mir schmecken. Wir
freuen uns zusammen. Als ich alles
aufgegessen habe, soll ich mich hinlegen.
Ich lasse es geschehen, schlafe sofort ein.
Kühler Schatten. Nach einigen Stunden
werde ich geweckt. Jetzt soll ich gehen. Ich
gehe. Auf der Straße hält nach wenigen
Minuten ein Lastwagen.

Langsam begreife ich.

Kandahar, im Süden Afghanistans ist die schwärzeste Stadt, die ich kenne. Ich komme am Abend an. Kein Geld für Hotel, ich habe immer draußen geschlafen. In der Dämmerung entdecke ich einen Holzverschlag. Ich krieche hinein. Niemand wird mich finden. Ein großes Tier, ein Hund, schleicht rum, aber die Hunde sind frei, beißen nicht. Ein Soldat mit einem herrlichen Schlagstock in der Hand schlendert vorbei, ruft, hält, hört, dreht sich um, guckt durch die Bretter und sieht mich liegen. Ich stehe auf und hoffe, dass ich keine Angst bekomme. In wenigen Augenblicken kann ich ihm klarmachen, was ich will und was ich nicht will. Ich darf nicht. Wir suchen jetzt gemeinsam einen besseren Schlafplatz für mich. Überall schlafen die Menschen auf der Straße. Dann finden wir ein bettähnliches Gestell in einer Seitenstraße. Ich soll mich hinlegen, er will die ganze Nacht Wache halten. Es ist stockdunkel inzwischen. Ein Vorgesetzter kommt. Ich muss mit zur Wache. Und dann – ich bin in Tausendundeiner Nacht – kommen wir in einen spärlich beleuchteten Hof. Eine Gruppe Soldaten steht um einer Empore. Auf der Empore steht ein Bett, ein Tisch, eine helle Lampe, die einzige in der Runde. Ein sehr dicker, eindrucksvoller Offizier mit Vollglatze und vielen Orden hält Audienz. Die Stimmung ist gelockert bis fröhlich. Ich werde nach vorn geschoben und ins Verhör genommen. Nicht unfreundlich. Der Offizier will viel wissen. Ein Soldat übersetzt ins Englische. Sie lachen viel, die Soldaten, der Offizier bleibt Offizier. Zuletzt geht es um die Frage, wie oft ein deutscher Mann in einer Nacht seine Frau fickt. Schwierig zu beantworten, sie sind weit in der Überzahl. Ich sage, das sei nicht das Entscheidende. Der Offizier unterbricht nun. Befehle werden erteilt, ich bekomme eine Leibwache. Zusammen gehen wir in ein Hotel without money. Dort darf ich mich auf den Steinboden legen und schlafen. Morgens bin ich der Erste, der geht.

Einmal bekomme ich Geld geschenkt.

Es brennt in meiner Hand.

Ich kann nicht mehr sagen:

"No Money!"

Ich werde nachdenklich

und kaufe mir Brot und Obst.

Das hat geschmeckt.

An der Grenze zwischen Afghanistan und dem Iran hat jeder Tourist 100 Afs Gebühren zu bezahlen, wenn er das Land verlassen will. Ich hatte 20 Afs und habe beinahe zwei Tage gebraucht, bis ich genug Geld hatte, das Land zu verlassen. Ohne zu betteln. Reines Theater.

Und drüben an der iranischen Grenze will ein Perser unbedingt meine Berliner Adresse haben. Für einen Tee gab ich sie ihm. Er fand den Handel gerecht.

Ich lerne laufen in Afghanistan.

Nach einem langen Tag erreiche ich ein kleines Dorf. Es wird dunkel. Ich trinke einen Tee, esse ein Brot, wasche meine Füße und gehe durch das Dorf, um irgendwo zu schlafen.

Hinter einem Hügel finde ich Platz in der sandigen Erde. Im Einschlafen höre ich Schritte. Zwei Männer im Dunkel. Sie suchen mich, finden mich. Sie fordern mich auf, mit ihnen zu gehen. Ich packe meine Sachen und gehe mit. Sie sagen mir, es sei gefährlich, was ich tue. Es gibt zu viele Halsabschneider. Und mit einer unmissverständlichen Geste zeigen Sie mir, was sie meinen. Vor einem Bazar am Rand des Dorfes weisen sie mir einen Schlafplatz zu. Dort liegen schon einige Männer, andere sind noch wach. Sie begrüßen mich, es ist alles klar.

Wieder werde ich aufgeweckt. Der Governor stellt sich vor. Ich soll im Hotel schlafen. Ein Junge hat ihn alarmiert, der mich am Abend noch unbedingt ins Hotel lotsen wollte. Wir hatten uns gestritten. Der Governor wird laut, meine Gastgeber bleiben ruhig. Alle reden mit. Erst, nachdem es auch dem letzten klar ist, dass ich wirklich kein Geld habe, darf ich weiterschlafen.

Morgens gibt es erst einmal Tee. Einer wirft mir ein gutes Stück Shit zu. Ein anderer holt die große Wasserpfeife. Der Shit kommt unter die Holzkohle, ich rauche an. Hallo. Zu zweit rauchen wir das ganze Stück. Ich denke, ich werde nicht wieder. Man verabschiedet sich nun von mir. Ich denke, ich mache einen verwirrten Eindruck.

Ich gehe los, weiß nicht mehr als die Richtung, bin trotzig und dann schnell allein. Um mich herum nur kahle Berge, eine

ausgetrocknete Ebene, Sand und Steine.
Und die Straße leer.

Die Sonne steigt höher, jetzt gehts auf den
Punkt. Autos fahren vorbei. Keiner hält.
Winken mag ich nicht. Entweder ich gehe
oder ich winke.

Ich gehe.

Stunden, stundenlang.

Gehe, bis ich klar komme.

Ich bin immer noch irre vom Shit.

Kann's gar nicht fassen.

Die Sonne ist stark.

Gehen ist besser als stehen.

Nichts passiert.

Langsam werde ich schwach.

Die Hitze gibts mir.

Ich gehe nach ganz unten, hole neue Kräfte.

Da war ich lange nicht. Oft noch nie.

Und die Wüste ist ganz still.

Ich weine und schreie. Das tut gut. Hinterher fühle ich mich wieder.

Ich werde klarer. Und kann nicht mehr.

Am Horizont sehe ich Farben. Menschen.

Bald habe ich sie erreicht. Ich will vorbeigehen, grüße.

Sie fordern mich auf, mich hinzusetzten. So sehe ich aus.

Ich setze mich.

Sie fragen mich aus. Woher, wohin und lachen. Sie glauben, ich will zu Fuß nach Europa.

Ich kann kaum reden. Den nächsten Bus halten die beiden an, sprechen mit dem Fahrer. Ich soll einsteigen. "No money!" Steig ein.

Drinnen gehe ich auf, bekomme zu essen. Ich spreche, zeige, freue mich. Ganz einfach. Wieder mal gerettet.

Wir halten an einem Marktplatz. Endstation.

Ich stakse aus dem Bus, hin zur Straße. Ein Fluss, mehr als 20 Meter breit, mitten in der Wüste. Ich muss baden. Ich komme an einer Öffnung des Ufers vorbei. Hier leiten sie das Wasser für die Felder ab. Kinder toben in einem Seitenbecken. Sie sehen mich, kommen raus, lachen. Ich soll baden. Im Becken, jetzt gleich. Plötzlich sind sie alle verschwunden.

Ich bin ganz allein. Ich ziehe mich aus, steige in das Becken, durch das das Flusswasser strömt, schwimme auf der Stelle, wälze mich hin und her wie ein Riesenwal, tauche, stoße mich ab vom Grund, pruste. Das geht nie zu Ende.

Nach langer Zeit steige ich aus dem Wasser, ganz neu. Ich ziehe mich an und bleibe noch ein bisschen. Ich stopfe meine Hose am Knie, die Kinder kommen zurück, klauen mir Nähzeug, meine Füße baden im Wasser.

Und als ich weitergehe, treffe ich an der Straße zwei traurige Franzosen an ihrem zerbrochenen R4. Bin ich froh, dass ich kein Auto habe.

Ich komme in Fahrt.

Es geht schnell im Iran. Kurz nach der Grenze hält ein VW mit jungen Italienern. Es ist kaum Platz für drei. Ich bin der Vierte.

Die ganze Fahrt bis Maschhad lärmt der Radio-Recorder. Zerfetzte italienische Beat-Musik und die Bee Gees natürlich. Ich fühle mich gleich zu Hause. Was habe ich falsch gemacht?

Als ich bei Messhad betäubt aus ihrem Wagen steige, komme ich nicht mal zum Pinkeln. Ein Lastwagen hält. Sie wollen mich an die richtige Ausfahrt bringen. Danke.

Die Sonne steht schon tief. Nach wenigen Kilometern steige ich aus. Ein kurzes Palaver mit ein paar neugierigen Persern, da hupt schon wieder einer. Ich soll mit. Drei Jungs mit ihrer Freundin. Wir lachen, ein kurzes Stück, ich muss wieder raus.

Dann ein freundlicher alter Herr. Nur fünfzig Kilometer und er schenkt mir ein Stück Morphium. Ich hebe es mir auf.

Es wird dunkel, aber es geht weiter.

Es hält: ein Krankenwagen, ein altes amerikanisches Modell mit einem Bullenmotor. Er fährt stur 120, der beste Fahrer, den ich je hatte. Nach dreihundert Kilometern muss ich raus. Wir haben drei Worte miteinander gesprochen, und er hat mir ein Abendbrot ausgegeben.

Es ist schon spät in der Nacht. Wir halten an einer Grünfläche vor einer Stadt. Auf dem beleuchteten Rasen liegen Menschen, schlafen neben ihren Autos und der Himmel über mir.

Am nächsten Tag bin ich abends schon in Teheran. Ein Lift only. 100 Rials für ein Hotelbett. Fünfmal so viel wie in Kabul. Ich habe nichts. Ein Fixer schenkt mir nach dem ersten Ansehen sein ganzes Brot. Dazu noch fünf Rials für Käse. Von mir bekommt er das Stück Morphium. In Teheran suche ich einen Schlafplatz. Irgendwo auf der Straße oder in einem Verschlag. Überall schleichen Typen herum, Teheraner.

Sie sprechen mit mir, wollen irgendetwas, wissen noch nicht was, warten auf die Gelegenheit. Der Jüngste von ihnen ist vielleicht zwölf. Es ist 11 Uhr nachts. Die Hotels machen zu, mit schweren Ketten an eisernen Türen. Ich klettere auf das flache Dach eines weißen Transits. Will dort schlafen. Ein Junge steigt mir nach. Sein Blick ist starr, er sieht mich an, sucht seine Chance. Ich schrei ihn an, bis er wieder runtersteigt. Noch lange geistert er um den Wagen. Ich fühl mich sicher.

Ich verkaufe mein Feuerzeug an ihn. Für 15 Rials. Noch vor meinen Augen verkauft er es weiter an den nächsten. Für 50 Rials.

Ein Triumph: der Übergang an der Iranischen Grenze zur Türkei.

Das letzte Auto vor der Grenze. Der Fahrer schielt sehr. Er fährt schnell. Wir sind zu dritt. Jetzt sehe ich auf dem Berg schon die Grenzstation. Da fährt der Wagen nach rechts auf den steilen Abhang zu. Mit den rechten Rädern ist er schon im Sand, jetzt erst begreife ich, schreie „Ho!". Der Fahrer wacht auf, reißt den Wagen zurück, wir schleudern auf die andere Straßenseite, hin und her, dann hat er ihn wieder in der Gewalt. Wir halten an, der Fahrer wischt sich die Augen. Ich bin ganz ruhig.

Die Grenzformalitäten dauern nicht lang, bald bin ich in der Türkei. Schon beinahe in Europa. Ich habe was geschafft. Ich laufe noch ein paar Kilometer, ein Wagen hält neben mir, ohne dass ich winke. Der Fahrer grinst, ich steige ein. Zwei Kinder sitzen auf der Rückbank. Die Windschutzscheibe fehlt. Eine wilde Fahrt über die zerfressene Landstraße beginnt. Der Fahrer will alles. Eine Prüfung. Wir sprechen miteinander, da taucht aus dem Gebüsch ein großer weißer Hund auf, will noch vor dem Auto die Straße überqueren, der Fahrer gibt ein bisschen Gas, es kracht und poltert erst vorn, dann unter dem Auto. Ich bekomme einen Spritzer ins Gesicht, dreh mich um: in schauerlichen Verrenkungen wälzt sich der Hund von der Straße, heult noch einmal auf, und dann ist alles still. Wir halten, der Türke steigt aus, wischt mit einem Lappen sorgfältig den Kühlergrill sauber, schließt noch einmal ausdrücklich den Kofferraumdeckel und lacht mich entschuldigend an. Die Fahrt geht weiter. Ein wenig schneller noch. Steine fliegen mir ins Gesicht. Die Kinder sind ganz still. Vier Tage später beginnt ein Krieg zwischen der Türkei und Griechenland um Zypern.

Mein Tramp durch die Türkei.

Tabriz.

Marand.

Maku.

Border Turkey: Bazargan.

Agri.

Horosan.

Erzurum.

Erzincan.

Sivas – ja wenn ich erst mal in Sivas bin.

Yozgat.

Kirikale.

Ankara. Noch 500 Kilometer nach Istanbul.

Pazar.

Gerede.

Adapzari.

Izmit.

Istanbul. Europa.

Und so bin ich gefahren. Habe fahren lassen.

Ich wache auf.

Mitten in der Türkei.

1.000 Kilometer bis Instanbul.

Ich fühle mich nicht gut, packe meine Sachen zusammen und geh los.

Immer ein wenig zu schnell. Ich strenge mich an. Autos fahren vorbei. Niemand hält. Es wird heiß, ich fürchte mich vor der Müdigkeit. Ich denke, ich werde müde. Ein Trecker hält. Mit zwanzig Sachen durch die Berge, ganz dicht am Stein; ein Bauer, der mich versteht. Die Täler sind fruchtbar, ich muss wieder laufen. Ich bekomme Durst, trinke nicht. Ich halte aus. Ich will es aushalten. Die Tasche an meiner Seite wird so schwer wie meine ganze Plage. Ein Wagen hält. Ich bin froh und rede auf den nächsten fünfzig Kilometern mehr, als gut ist. Hinterher ist mir richtig schlecht, und meine Hände riechen noch lange nach Kölnisch Wasser, mit dem wir unsere Gesichter und Hände waschen.

Ich muss viel laufen. Wenn ich ohne wichtigen Grund stehenbleibe, komme ich aus dem Rhythmus. Das will ich nicht mehr, denn der Anfang ist schwer. Am Anfang kann ich nicht sehen, nicht hören, egal wo ich bin. Wie sinnlos fühle ich mich. Vorwärts, nur vorwärts. Ein Kleinbus hält. "No money for you!" ruf ich. Das ändert nichts, ich soll einsteigen. Ich stolper über eine Kiste mit Früchten und Gemüse, steige über Knie, lass mich in den Sitz fallen und blicke in Augen, die mich neugierig mustern. Bauern. Sie starren mich an, ich fühl mich gezwungen zu erklären: „Aleman, from Kabul, Afghanistan, to Iran. Hallo." Sie sind ein wenig zufrieden. Immer wieder werde ich mit Blicken geprüft. Kein Lachen, keine Geste, nur der Fahrer freut sich. Wir fahren in ein Dorf, abseits der Hauptstraße. Sie steigen alle aus, ich auch, nach einigem Zögern. Der Kaufmann bekommt einen großen Sack voll Brot mitgebracht, ich mache große Augen, aber es wirkt nicht, niemand achtet auf mich. Ich werde wieder zur Straße gefahren, muss laufen. Und ich laufe, laufe, und keiner von diesen Türken hält. Einsam bin ich, weil ich Schmerzen habe.

Türkische Kinder werfen Steine nach mir. Ich drehe mich um. Keiner will es gewesen sein. Jeder zeigt auf den anderen. Ich gehe weiter, drehe mich wieder um. Einige haben schon die nächsten Steine in der Hand. Ich

schrei sie an: „Turkey?" Sie nicken. Ich zeig
auf die Steine in ihren Händen: „Turkey,
Turkey!" und lache über ihr Versteckspiel.
Einige werfen die Steine weg, die letzten
kriege ich doch noch zwischen die Beine.
"Turkey!"

Ein Dorf.

Kein Zeichen,

kein Halten.

Es ist sehr heiß.

Wieder ein Dorf,

wieder kein Zeichen.

Ich will angestrengt, abschreckend.

Dann bricht´s heraus.

Ich schreie. Würge.

Will dieses Schicksal nicht, nicht so,

will ein anderes, besseres.

Aus einer Hütte am Fluss

treten zwei Bauern

und blicken mich stumm an.

Sie alle wissen Bescheid

und können nichts tun.

Im nächsten Dorf werde ich halt machen.

Ich bin ein Mensch.

Hoffentlich ein Zeichen.

Kein Zeichen.

Ich halte am Brunnen. Völlig erschöpft.

Eine Frau wendet sich ab, niemand sonst

lässt sich sehen.

Ich möchte etwas essen,

bringe einen Laut wie "hungry" hervor

und weiß doch, es stimmt noch nicht.

Ich bin nur schwach

und suche.

Ich kann kaum noch stehen.

Ich fülle frisches Wasser in die
Wasserflasche.

Ein Mann, ein Türke kommt zu mir,

spricht mit mir, ihn befriedigt mein Zustand.

Ich setzte mich an den Straßenrand auf
meine Tasche.

Ein Junge kommt.

Wir reden in einer fremden Sprache,

die wir beide verstehen.

Bald hat er genug, ich muss weiter.

Langsam stehe ich auf,

gehe einen Schritt,

dann zwei,

wieder muss ich laufen

lernen.

Wie lange noch?

Autos fahren vorbei,

nicht für mich.

Ich habe aufgegeben

zu winken.

Jeder kann sehen.

Jetzt – ein weißer Ford-Transit. An mir vorbei, bremst ganz fern – ich winke schnell und beginne zu laufen. Es geht doch, ich brauche nur ein wenig Liebe. „Where do you go?" Ich kann niemanden sehen, höre nur Stimmen, antworte „Ankara first, than Istanbul." - „We go West!" Eine Tür wird aufgeschlossen, ich steig ein. Kissen, Decken und ein riesiges Bett. Ich sinke hinein.

Jetzt fahre ich mit, mindestens bis Ankara, vielleicht bis Istanbul. Nur nicht nachdenken.

Ich konnte mir nicht verzeihen, dass ich so schamlos schnell gewunken hatte.

Die Engländer im Transit sind sehr arm. Jede Zigarette ließen sie wie einen kostbaren Joint herumgehen. Sauber. Ich konnte wieder anfangen zu rauchen. Danach habe ich es mir wieder abgewöhnt. Jetzt rauche ich wieder.

Ich hatte überhaupt kein Geld.

Ich habe Zigarettenpapier und eine Pfeife gespendet. Die Freude war groß. Bis Istanbul.

Abends haben wir alle wenig gegessen. Die drei Engländer, Jo, der Tramper und ich. Wir wollen Zutaten für das Abendbrot einkaufen. Mehr als zwei Stunden fahren die

Engländer herum, überall ist es Ihnen zu teuer. In der Türkei ist alles sehr billig. Ich werde schon kurz angebunden. Und sie finden, was sie suchen. Das Essen schmeckt dann wie eine Erlösung. Mann.

Wir halten mit Jo und den Engländern auf einem weiten Feld und machen Abendbrot. Zwei Türken kommen näher, schauen durchs Fenster und sprechen über uns. Jo, der Holländer bleibt mit ihnen auf Tuchfühlung. Sie wundern sich. Einer der Türken zeigt auf Jos schulterlanges Haare und fährt demonstrativ über seinen Stoppelkopf.

Jo nickt.

Istanbul.

HOTEL UTOPIA

7 LIRA FOR ONE NIGHT.

CAUSE WE ARE FRIENDS.

Jo bekommt 50 Lira geschenkt.

Ich 10.

Wir teilen.

Wenn ich will.

An der Grenze nach Griechenland bekomme ich seit langem wieder richtig zu essen.

Nachmittags eine riesige große grüne Melone, die ich vollständig aufesse.

Und abends ein Mahl im Restaurant.

Schwer und ölig und gut. Das war zu viel.

Am nächsten Tag bekomme ich Dünnschiss.

Liege am Rande eines leeren Strandes und leide einen langen Tag.

Geschwächt, gereinigt und dankbar für mein Wohlergehen stelle ich mich wieder an die Straße und muss lange warten.

Zu meinen Füßen sehe ich Stroh liegen. In einer Farbenpracht, wie ich sie mir bis zu diesem Moment noch nicht einmal wünschen konnte.

Die Türken haben Panzer aufgefahren und spielen Versteck mit den Griechen. Aber die sind nicht ganz so geil.

Ein Türke: „Do you know, that probably the Third World War will begin, when we fight for our rights on Cypris?"

No.

Ein Grieche: "We will fuck the Turkeys!"

Yes.

Die Griechen nehmen nur ungern Tramper mit. Für die ersten 100 Kilometer nach Tessaloniki brauche ich zwei Tage. So ein ordentliches Volk. Besonders die Jugendlichen wissen überhaupt nicht, was läuft.

Erst als ich mit Soldaten zusammenkomme, geht es weiter. Sie stehen neben mir an der Landstraße und halten Lastwagen an. Ich darf mit.

Die letzten 200 Kilometer in einem geschlossenen Kastenwagen. Wie in einer Keksdose.

Zweimal wird gehalten.

Einmal zum Pinkeln.

Einmal zum Melonenessen.

Die Sonne scheint mild in Griechenland.

Ich schlafe auf dem Bahnhof von Tessaloniki. Zusammen mit vierzig Trampern und anderen. Nachts werde ich geweckt. Jo ist da. Das ist gut. Wir verabreden uns für den nächsten Tag zum Blutspenden. Die sollen 15 Dollar zahlen.

Sie zahlen nur die Hälfte, die Halsabschneider. Aber ich wills machen. Ich will Geld sehen. Ich warte auf die Schwester, da sagt Jo: „Ich weiß gar nicht, warum wir hier sitzen. In Istanbul hat mir einer 100 Mark geliehen. Wenn Du willst, kannst Du die Hälfte haben."

Ich will.

Wir gehen erst einmal essen.

Ich bin ganz schwach.

Brötchen mit Butter und Honig auf dem Teller.

Heiße Milch mit Honig!! Dann Joghurt!

Das kann man sich nicht vorstellen.

Mein kostbares Blut ist gerettet.

Im Bahnhof von Tessaloniki sprechen Griechen mit mir. Ich hätte eine Chance, ohne Geld durch Jugoslawien zu kommen. Mit der Eisenbahn. Wo doch die Yugos keine Tramper mitnehmen.

Ich frag alle aus. In zwei Tagen könnten wir in Ljubeljana sein, und von dort ist es nicht mehr weit nach München. Deutschland.

Jo und ich fahren zusammen im Zug. Erst mal bis zur jugoslawischen Grenze. Schwarz. Keine Fahrkartenkontrolle bis dahin, wie die Griechen es gesagt hatten. Mit der Passkontrolle haben wir keine Schwierigkeiten.

Der Zug ist gerammelt voll. Menschen stehen auf den Gängen. Ein gutes Zeichen für uns. Jetzt bleiben wir so lange drin, wie es geht. Die erste Fahrkartenkontrolle. Ich war gar nicht mehr drauf gefasst. Plötzlich stehe ich vor dem Schaffner, bekomme einen Stoß von hinten, gebe nach und fliege an dem Schaffner vorbei. Der sieht mich gar nicht.

In der Nacht wird nicht kontrolliert. Ich schlafe mit einem anderen zwischen zwei Wagen auf der eisernen Plattform, nicht zu bequem. Um fünf Uhr morgens schrecke ich hoch: „Fahrkarten bitte!"

Der Zug ist sehr laut zwischen den Waggons, direkt unter uns die Gleise. Der Schaffner schließt erst mal die Tür zwischen uns. Ich gehe schnell auf die Toilette, schließe nicht ab. Nach wenigen Minuten ist alles vorbei, ich fahre bis Beograd, Jugoslawien ist halb geschafft.

Und auch die nächste Kontrolle hinter Beograd überstehe ich heil. Jo wird erwischt. "No money, no ticket". Kopfschüttelnd geht der Schaffner weiter.

Nach 30 Stunden Ljubeljana. Ich bleibe im Zug.

Dann die österreichische Grenze. Keine Schwierigkeit. Ich bin nur noch müde, jeder Nerv spielt mit meinem Leben. Ich lege mich schlafen.

Dann der Ruf: „Der Schaffner kommt!" Noch im Schlaf springe ich auf, gehe auf den Gang und nach vorn. Der Zug hält. Ich steige aus, will hinter dem Schaffner wieder einsteigen. Eine zweite Tür fällt ins Schloss. Auf freier Strecke stehen wir uns gegenüber, der Schaffner und ich.

Wir sehen uns an. Ich geh an ihm vorbei, will hinten einsteigen. Er sagt: „Da vorn hams geschlafn." „Ah, richtig, dankeschön, hab schon gesucht." Ich bleibe höflich. Er folgt mir zum Abteil, ich setze mich.

„Fahrkarten bittä!"

Ich bin gemeint.

Ich tue, als ob ich suchen würde.

„Ja, wo sind sie denn, eben waren sie doch noch in der Jacke." Ein langes Spiel und die Lüge tut mir weh.

Es ist schon alles vorbei, er weiß Bescheid:

"I glob, daß Sie geascht ham."

Ich höre Asch, ich?

"Das glaub ich nicht," sage ich,

dann verstehe ich und nicke gleichzeitig.

"Meinetwegn, foans halt mit."

sagt er, schließt die Tür und geht weiter.

Ich zittere.

Heut will ich keinen Scheiß mehr machen.

Beim nächsten Halt steige ich aus.

Noch mal Schwein gehabt.

Morgens wache ich auf einer Wiese direkt vor dem Tauerntunnel auf.

Ich trampe in Richtung München.

Von München nach Berlin nimmt mich ein Jugoslawe mit.

Ich stehe an der Autobahnraststätte, ganz müde. Zwei Tramper sagen mir Bescheid. Ich hin zum Fahrer und frage, ob er mich mitnimmt, nach Berlin. Er sagt gleich ja. Er war auch so müde.

In Berlin will er mir noch Geld geben, weil ich ihn nach Kreuzberg gelotst habe. Ich habe nur gelacht und bin erst mal zu Eddie gefahren.

Flugblattschmuggel ins Kommunistenland

Mit dem Bully in ein Zentrum des kalten Krieges.

Prag. Na und? Da waren wir doch schon alle mal.
Eigentlich nichts Besonderes – wenn es nicht
das Jahr 1977 wäre,

Wir – Michaela und ich – wohnten bei Uli auf einem
kleinen Resthof, Pampa rundherum und Hannover
nah, beileibe kein Abenteuer.

Uli sprach uns an. Er kenne einen
tschechoslowakischen Politiker, der in Deutschland
Unterschlupf gefunden hatte und seine linke
Wühlarbeit in Richtung Tschechoslowakei von hier
aus organisierte. Zum Beispiel mit Flugblättern. Ob
wir den Nerv hätten in einem umgebauten VW-Bus
über die Grenze nach Prag Flugblätter zu
schmuggeln, einmal nur, bitte, bitte.

Nun ja, links waren wir aufgrund von Geburt und
Leben, und etwas aktiv gegen die autoritär
unterdrückenden Regimes des Ostens zu tun – das
machen wir, klar. Also, was ist zu tun? (Das, meine
lieben Freunde, hat man davon, wenn man selbst
recht bedenkenlos ist und eine Frau an seiner Seite
hat, mit der man viele tausend Pferde stehlen kann.)

Irgendwann war es dann so weit: Auf dem Hof
stand plötzlich ein schöner alter VW-Bus, dessen
Innereien über der Hinterachse per Schweißgerät
freigelegt worden waren – dort hinein die paar
Hundert Flugblätter. Was auf denen stand, konnten
wir natürlich nicht verstehen, wahrscheinlich
irgendwas von „Haut ab, Ihr russischen Schweine

aus unserem Land". Dann wurde die Klappe zugeschraubt, Teppich drüber und fertig war das Schmuggelmonster.

Leider, ja sehr leider funktionierte die Heizung nur ganz weit hinten im Bus, und dann auch nur marginal, Und noch leiderer war es gerade minus 10 Grad kalt und heimelig stand der Schnee nabenhoch. Wir nahmen uns einen Schlafsack für die Füße mit und planten, uns beim Fahren und beim Schlafsack abzuwechseln. Eiskalt.

Los jetzt, ab nach Bayern, hin zur Grenze. Nach 200 Kilometern war der Gasfuß ein Eisfuß, alles entsetzlich kalt, aber uns wärmte unsere Mission. Unten in Bayern scharf links ab, Richtung Prag.

Und nun die Grenze ins kommunistische Großreich – oha. Stockdunkel war es, nur eine gespenstische Schranke, die die Straße absperrte, Posten mit Gewehr, Papiere, warten, warten, warten.

Spione, die aus der Kälte kamen – exakt die Stimmung. Maschinengewehrfeuer jetzt, ach nee, das war nur der Motor – und dann doch freie Fahrt. Kalte, eiskalte Fahrt. Ich weiß kaum, wie wir das überlebt haben, aber angekommen sind wir in einem prachtvollen Prager Hotel. Dort hatte man schon für uns gebucht. Fürstlich, fürstlich, alles vom Feinsten – und der ganze riesige Bau praktisch total leer.

Dann, nachts das entscheidende Telefongespräch,

Treffpunktbestätigung Wenzelplatz. Am nächsten Morgen mit den Flugblättern im Kunststoffbeutel machen wir auf „Stadtbesichtigung". Zunächst wie alle Touristen: Wenzelsplatz. Ja dort, wo alle Prag-Fotos das riesige Denkmal zeigen, mit der Sicht auf die lange, 60 Meter breite Straße, da, wo alles passiert in Prag, inmitten der heißesten Zone des Landes, dort trafen wir unseren Kontaktmann, direkt am Fuß des Denkmals. Geheimdienstler sagen dazu: Sei laut, wenn du nicht auffallen willst. Das verabredete Zeichen kam. Man stellte sich zusammen, murmel, murmel und ging weiter in eine Nebenstraße. Kurzer Tausch der Taschen und weg. Das war es schon. Immer noch keine Polizei.

Wir verdrückten uns touristisch, blieben noch eine Nacht und dann ab nach Norden, Richtung Berlin. Nicht per Autobahn, nein per Fuß nahezu, so langsam ging es im tiefen, bergigen Schnee. Noch immer erinnere ich mich an das riesige, hohe Hotel inmitten des bergigen Waldes, völlig einsam, Graf Draculas Zuhause, über und über bedeckt mit meterlangen Eiszapfen.

Die Grenze war kein Problem, aber leider war es die der DDR, also immer noch alles gefährlich. Und doch erreichten wir unsere Stadt unversehrt und schwer erleichtert.

12 Jahre später fiel die Mauer.
Hat sich doch gelohnt, die gute Tat.

(Wenn das mein Vater wüsste, der
Verfassungsschützer und MAD-Obrist. Ich
höre noch, wie er sich entsetzt im Grab umdreht.)

Meskalin statt Heroin

Harte Drogen gehörten bei uns nicht dazu. Kein Heroin, kein Alkohol.

In unserer Berliner Wohngemeinschaft oder Kommune war es Brauch, auch Drogen zu nehmen, die nicht erlaubt waren. Aber halt:

Harte Drogen gehörten nicht dazu. Kein Heroin, kein Alkohol. Dazu sahen die Heroin- und Alkohol-Junkies, die bei uns aus- und eingingen, einfach zu schrecklich aus. Aber Gras, Haschisch, Pilze und LSD waren durchaus akzeptiert.

War aber doch eine Sensation, als jemand mit flüssigem Meskalin auftauchte.

> *„Meskalin ist eine natürlich vorkommende halluzinogene Substanz aus der Stoffklasse der Phenethylamine und wird in Lateinamerika traditionell von indianischen Schamanen in Ritualen verwendet."*

Wir hatten mit der Pilzdroge Meskalin in kleinen Dosierungen schon außergewöhnlich interessante Erfahrungen gemacht.

Unvergesslich die optischen Meskalin-Visionen: die ganze Welt in 8-eckigen Bienenwaben interpretiert, die sichtbare Musik, die in Wellen durch den Raum schwebt – neue, andere Sichtweisen, Erlebnisse, die man nie missen mag.

Und so hatten wir nichts Besseres zu tun, als dies neue Ding in Flüssigform einfach mal auszuprobieren, sprich zu injizieren. Das war für uns eigentlich eher ungewöhnlich, denn mit Spritzen wollten wir nie etwas zu tun haben.

Nun gut, wer spritzt als Erster? Ich natürlich. Also Meskalin aufgezogen, Spritze angesetzt und injiziert.

In dem Moment fiel ich sofort einfach um und lag dort fernab jeder Realität eine halbe Stunde in einer Art Koma. Aber nicht bewusstlos. Denn in diesem Moment bekam mein Geist höchst intensiven Besuch von allen schrecklichen Gestalten der indischen und chinesischen Mythologie. Sie drangen äußerst persönlich auf mich ein, bedrohten mich, kündeten mir Schreckliches an und machten mir endgültig klar: bis hierher und nicht weiter, mein Freund. Auf keinen Fall.

Ich weiß nicht, was sich meine lieben Mitbewohner dabei gedacht haben, mich so liegenzulassen, aber es war das einzig Richtige. Denn irgendwann wachte ich wieder auf, geläutert, geklärt, erfahren, deutlich klüger und verbrachte den Abend im Schneidersitz – voll entspannt im Hier und Jetzt.

Die anderen nahmen dann doch Abstand von diesem Experiment. Verständlich.

Wahre Arbeit

<u>Jobs, Jobs, Jobs. Ich wollte die Menschen und mich kennenlernen</u>

Immer wieder gab es Zeiten, in denen ich einfach arbeiten musste. Das waren die Zeiten zwischen Lehre und Bundeswehr, zwischen Bundeswehr und Studium.

<u>Kegelaufsteller</u>

Man steht am Ende einer Kegelbahn. Dann wirft ein Spieler eine schwere Holzkugel in die Richtung der Kegel, mich als Orientierung. Ich stelle die Kegel wieder auf und schon kommt die nächste Kugel. So geht das den ganzen Abend.

<u>Mühlenarbeiter</u>

Eigentlich eine ganz einfache Sache: Man steht neben einer Maschine, die die zwei Zentner schweren Säcke emporhebt, stellt sich drunter und nimmt den schweren Sack auf die Schulter. Dann hörst du das leise Krachen in deiner Schulter und die Zerrung ist da. Ganz anders die muskelbepackten Kollegen, die mit dem Sack auf der Schulter viele Sackreihen nach oben springen und den Sack oben auf dem Sackberg ablegen. Und das die ganze Schicht lang.

<u>Clerk.</u>

Eine begonnene Lehre an der Kieler Schleuse des Nord Ostsee Kanals. Dort herrschte nicht nur ein rauer Ton, auch Zigaretten und Schnaps in dem zollfreien Gebiet gabs umsonst. Auch nicht ganz ungefährlich: Auf schwankenden Holzleitern 20 m hohe Schiffswände zu bewältigen, mit dem Kapitän einen bechern, dann wieder runter, um dann noch einmal hochzuklettern, Papiere klären, noch einen Schnaps und wieder runter. Gelegentlich gab es 24-Stunden Schichten. Ich resignierte nach einigen Wochen.

Industriekaufmann

„Wenn ich gewusst hätte, dass Sie mit einer Fünf in Mathematik abgeschlossen haben, hätten Sie den Lehrvertrag nie bekommen.", sagte der Prokurist. Seine Bedenken waren berechtigt. Unkonzentriert, flusig, fehlerhaft, ich war in der Buchhaltung völlig fehl am Platz. Aber ich zog es durch.

Borsig

80 Mark in einer Nacht war die Ansage. Der Job: Aus nahezu noch glühende Öfen Backsteinen ausräumen. 100° Temperatur gab es da drin, aber extrem trocken natürlich. Ich machte nur einen Fehler: Ich begann Wasser zu trinken und noch mehr zu trinken und noch mehr zu trinken. Nachts um zwei war ich dann fertig mit dem Thema und mein extrem gefüllter Wasserbauch zwang mich nach Hause.

Aktmodell

Ja, ich war mal schön. Für 16 Mark legte ich mich bis auf eine schmale Unterhose entkleidet 2 Stunden auf eine Matratze und ließ meinen schönen Körper von der Malklasse malen. Die besonders eifrigen Schüler skizzierten mir gern ein veritables Glied statt blasser Unterhose. Aber immerhin leicht verdientes Geld.

Torfarbeiter

Der schwerste Job meines Lebens: Zusammen mit Michaela arbeiteten wir auf einem Torffeld und stapelten die schweren, nassen Ballen übereinander, so dass sie gut trocknen konnten. Der Nachteil: nach 2 Stunden scheint einem das Rückgrat zu brechen. Ganz schwere Arbeit für ganz wenig Geld.

Lagerhelfer

Im Winter dann Lagerarbeiter statt Torfarbeit. Aber nur so lange, bis mein schmales Geld auch noch gepfändet wurde. So beschlossen wir endgültig, dass ich mein Geld wieder mit Werbung verdienen werde. Ab nach Berlin.

LKW-Fahrer

Die Berliner Schaubühne am Halleschen Ufer war wohl das angesagteste Theater Deutschlands. Ich schaffte es, nach meinem Job als Bühnenarbeiter der LKW-Fahrer des Theaters zu werden. Die Aufgabe: Zwischen den einzelnen Werkstätten in Berlin die Verbindung zu halten, und mich mit all meinen Kollegen gut zu verstehen. Das Theater interessierte mich weniger, habe kaum eine Vorstellung gesehen.

Opernsänger

Ich hatte vor dem Stimmbruch eine wirklich schöne Stimme. Und als das Kieler Stadttheater wunderbar klingende kleine Jungs suchte, um den Tannhäuser zu vollenden, war ich einer der Auserwählten. Viele Proben und 20 Aufführungen machen mich komplett mit Wagner vertraut. Noch heute kann ich die Tannhäuser-Ouvertüre dirigieren. Irgendwann aber streckte der Heldentenor die Waffen, „Ich kann nicht mehr…", und das Stück wurde abgesetzt.

Rasenpfleger

Für in Berlin stationierte Engländer gab es schöne Häuser mit schönen Gärten und schönen Rasen. Meine Aufgabe, den Rasen so beschneiden, dass die Engländer zufrieden waren. Die Engländer waren nie zufrieden.

Parkplatzwärter

Messen gehören zu einem wesentlichen Teil des Berliner Geschäftslebens. Und wer etwas auf sich hielt, ließ sich auf dem großen Parkplatz am Messegelände von Jürgen Kraaz den richtigen Weg weisen.

Musiker

in der Band Lava war ich der dritte Mann. Sollte ein Welterfolg werden. Die Original-Vinyl-Platte wird heute mit über 300 € gehandelt. Geld habe ich damit nie verdient.

Hotelconcierge

Da steht man nun die ganze Nacht am Tresen des
Hotel Crystal und wartet in der Berliner Kantstraße
auf Gäste. Man wartet und schlummert und wartet
und schlummert. Stunden über Stunden irgendwann
kommt ein Gast, dem man, ohne es zu müssen, die
Koffer in den ersten oder zweiten Stock trägt. Dann
wartet man wieder und wartet wieder bis in den
frühen Morgen. Tagsüber hat man dann richtig
geschlafen.

Knecht

war es in meiner Stadt zu langweilig, fuhr ich aufs
Land zum Bauern, zu einer Familie, die ich gut
kannte. Ich bin oft an den schönen Sommertagen
gefahren, einfach um etwas Prdouktives mit meiner
Zeit anzufangen. So lernte ich Trecker fahren,
pflügen, eggen und der Kuh beim Kalben zu helfen.

Schietgang

O. k., ich brauchte das Geld. Und solange ich beim
Geldverdienen am Leben blieb, war alles ok. So
bewarb ich mich als Hilfsarbeiter bei der Howaldt-
Werft in Kiel. Kein Problem, ich wurde eingestellt
und der Schietgang zugeordnet. Die Schietgang
heißt Schietgang, weil die all die Scheißarbeiten
machen muss, für die sich die Werftarbeiter zu gut
waren.

In den besten Zeiten dieses Jobs kroch ich unter
dem Kiel eines 80.000t schweren Schiffes herum,

um von unten Farbe aufzutragen. Dies mit langer Rolle, denn der Koloss über mir bot mir nur ca. 1,20 m Höhe. Da kommen einem schon Fantasien hoch, was passiert, wenn die Stützen nachgeben würden. Nichts für schwache Nerven.

Deutlich übler gestaltete sich die Reinigung der Bilge der alten Frachter. Die Bilge ist der Zwischenraum zwischen dem untersten Fußboden des Schiffes und der Außenhaut. Auch dieser hohle Raum ist kaum höher als 1 m, die vielen Abteile erstrecken sich über den gesamten Rumpf. In diesem Raum sammelt sich der ganze Rotz, das Öl, Wasser, Rattenreste. All das musste ich mit einer ganz gemeinen Kehrichtschaufel in einen Eimer bugsieren – wieder und wieder und wieder. Wenn ich dann abends nach Hause kam und nur einmal rülpste, roch die ganze Bude und meine Freundin sofort nach diesem entsetzlichem Ölwasserscheißgemisch.

Gekrönt von dieser Arbeit wurde dieses nur noch von Reinigung der Fischtrawler, die nach vielen Wochen, ja Monaten auf See wieder in der Werft überholt werden sollten. Fischtrawler heißt hier: Das ganze Schiff stinkt wie eine gut durchgefaulte Makrele und in jeder, wirklich jeder Ecke faulen irgendwelche Fischreste vor sich hin. Frag mich mal, wer das sauber machen muss.

Schaubühne – was für ein Theater

Als Bühnenarbeiter und Fahrer in einem Zentrum der Kultur.

Anfang der 70er gehörte meine Zeit an der Berliner Schaubühne am Halleschen Ufer ohne Zweifel zu den besten meiner vielen Jobs. Damals schrieb die Schaubühne Theatergeschichte. Nicht ohne mich. Ich gab den Arbeiter und Fahrer. Denn als mehr oder minder Freak musste man Anfang der Siebzigerjahre zusehen, dass man zu Geld kam und das möglichst auf eine Weise, die keine Probleme macht. So hörten wir, dass am Theater Schaubühne am Halleschen Ufer Bühnenarbeiter zur Aushilfe gesucht wurden.

Unter dem künstlerischen Leiter Peter Stein war die Schaubühne damals das angesagteste deutsche Theater. Es wurde als Mitbestimmungstheater betrieben, also weniger traditionell, dafür aber auf der vergeblichen Suche nach dem Arbeiter in Zuschauerraum.

> *Bruno Ganz, Edith Clever, Eberhard Feik Jutta Lampe, Angela Winkler, Otto Sander, Peter Fitz, Peter Stein, Karl Ernst Herrman – das waren auch meine Kollegen. Aber viel mehr noch die Bühnenarbeiter, die sogenannte Technik.*

Die Arbeit

Entwickelt wurde an der Schaubühne gerade das Antikenprojekt unter Peter Stein. Dies nicht im klassischen Aufführungsort am Halleschen Ufer, sondern in den Ausstellungshallen am Funkturm – eine große Halle am Messegelände wurde zum Theater umfunktioniert. Das erforderte dort natürlich erhebliche Umbauarbeiten, zumal verschiedene Stücke an wechselnden Tagen gespielt wurden. So war es die Aufgabe der zehn neuen Bühnenarbeiter, wie ich nun einer war, schwere Teile Tag für Tag umzuräumen. Dazu gehörte zum Beispiel die Verlegung von zig ultraschweren Bahnschwellen aus dem Keller auf die Bühne. Das war nur unter dem Einsatz von vielen starken Händen und gemeinsamen „Hauruck"-Aktionen zu verwirklichen. Oder der Transport von riesigen, asbestverseuchten Vorhängen von einer Halle in die andere – auch nicht ohne.

Der Provo

Der Sender Freies Berlin nahm die ungewöhnliche Aufführung zum Anlass, den berühmten Regisseur Peter Stein fürs Fernsehen zu interviewen. Und gemäß dem Knastgesetz, sich gleich am ersten Tag mit den schlimmsten aller Knastbrüder anzulegen, um sich Respekt zu verschaffen, nahm ich mir gleich mal Peter Stein zur Brust.

Da standen wir zehn, die die schwere Arbeit geleistet hatten, hinter der Kamera, und schauten dem Genie bei seiner recht eitlen Selbstpräsentation zu. Und das an einem linken Theater? So ging das nicht, da musste etwas getan werden. So trat ich vor die Kamera, unterbrach das Interview und erzählte dem

Aufnahmeteam und hoffentlich auch den Zuschauern am TV laut und deutlich, dass Peter Stein erst mal einen Kasten Bier ausgeben sollte für all die, die hier die schwere Arbeit gemacht hatten. Von meinen Kollegen bekam ich tüchtig Beifall, das TV-Team und Peter Stein haben sich mächtig geärgert und obwohl ich recht hatte, ein Bier bekamen wir nicht. Aber ansonsten war ich bei dem Antiken-Projekt fleißig dabei, und kümmerte mich um meine gute Laune und die meiner Kollegen.

Der Fahrer

Das ging nun einige Wochen und mir gefiel es beim Theater ausnehmend gut. Denn unter den Bühnenarbeitern wurde ein offenes Wort gepflegt und gute Arbeit war Ehrensache. Alles ganz in meinem Sinne. Und als ich hörte, dass der LKW-Fahrer das Theater verlassen würde, bewarb ich mich um den Job. Und – oh Wunder – es klappte. Ich wurde der Fahrer der Schaubühne am Halleschen Ufer.

Ein recht spezieller Job. Denn das kleine Theater platzte aus allen Nähten, sodass Probebühnen und Werkstätten über ganz Westberlin verteilt waren. Der Fahrer hatte die Aufgabe, die vielen Transporte von Menschen und Geräten zu realisieren – und so fuhr ich Tag für Tag durch Berlin, verband Menschen und Orte, eine Tätigkeit, die mir ausnehmend gut gefiel. So kam ich jeden Tag mit vielen Leuten zusammen und viele der berühmtesten Schauspieler gehörten zu meinen Gästen im Fahrerhaus.

Mit Pförtnermütze, Zopf und Kassenbrille machte ich mich bald unverwechselbar.

Sauber auch: Wenn der Arbeitstag am Ende war, konnte ich im Theater jeden Abend eiskalt duschen, denn in der Einzimmerwohnung, in der ich wohnte, gab es so etwas nicht. Als Kaltduscher wurde ich von meinen Kollegen natürlich für etwas verrückt erklärt. Als ich ihnen auch noch voller Stolz erzählte, dass ich als Werbetexter das Dreifache verdienen könnte, waren sie endgültig von meinem Schwachsinn überzeugt. Aber ich fand es besser mit ihnen zu arbeiten, als in einem Büro als Textsöldner zu verkommen. Das wiederum verstanden sie gut.

Den Feierabend im Theater genoss ich oft in einem großen Nebenraum, in dem nichts anderes als ein schwarzer Flügel stand. Auf dem konnte ich dann viele Stunden Klavier spielen. Auch in meiner kleinen Wohnung stand ein Klavier – ein elektrisches Hohner-Piano, mit dem ich mir die Abende versüßte. Auf einen Fernseher verzichtete ich ganz bewusst, wollte mich selber beschäftigen.

Der Sommernachtstraum

 Schön auch die Zeit, als das Theater auf einer Wiese im Grunewald den „ Sommernachtstraum" drehte. Da war der Fahrer im steten Hin und Her zwischen Theater und Filmset natürlich besonders gefragt. Zudem konnte ich zuschauen, wie für einen Film, der ja aus vielen kleinen Szenen entsteht, dessen Szenen millimeterweise perfektioniert werden, um Qualität und Glaubwürdigkeit herauszuarbeiten.

Das Stück wurde später auch im Theater selbst reproduziert. Allerdings mussten wir, um den notwendigen Birkenwald auf die Bühne zu bringen, zig Birken aus dem Wald holen. Diese wurden dann in wochenlanger Arbeit mit tausenden eigens geschnippelten und bemalten Blättern versehen – was für ein Aufwand. Aber es funktionierte.

Bei meinen Gängen durch das Theater entdeckte ich einen kleinen Saal, in dem stand nichts anderes als ein großer schwarzer Flügel. Ich wohnte in dieser Zeit in einer kleinen Einzimmerwohnung ohne Fernseher, aber mit einem elektrischen Klavier, auf dem ich an einsamen Abenden fleißig übte. Das Spiel auf diesem Flügel gehörte nach Feierabend dann zu den Höhepunkten eines Tages. Ohne Störung konnte ich dort viele Stunden den tollen Klang und mich genießen. Wunderbar. Nur einer störte einmal. Peter Stein: Was machst Du hier? Ich spiele Klavier!

Obwohl das Theater in der Tradition der 68er-Bewegung organisiert war, hat es natürlich nie geschafft, die Helden der Revolution, also die

Arbeiter, für seine Arbeit zu interessieren. Es war und blieb eine Berliner Ikone der aufgeklärten Intelligenz. Und so habe ich konsequenterweise zwar viele Proben und Aufführungen begleitet, aber immer hinter der Bühne, selten als Zuschauer. Das war nicht meine Welt. Meine Welt war die Arbeit und die Arbeiter.

Die Kündigung

Als sich diese Phase in meinem Leben langsam dem Ende zuneigte, wurde ein Gastspiel in Westdeutschland geplant. Mein LKW sollte natürlich eine wichtige Transportrolle spielen. Zu meiner Überraschung wurde ich aber aufgefordert nicht mitzukommen, zu renitent war wohl mein Auftreten, und Peter Stein hat mir meinen Überraschungscoup am Anfang der Zeit wohl nie verziehen. Diese Weigerung war dann eine Nummer zu viel für mich. Und so formulierte ich ein Schreiben mit fristloser Kündigung und der seltsamen Begründung, an dem Theater würde zu viel gelogen. Was konsequenterweise eine Lüge war, denn ich war einfach nur beleidigt. Mit diesem Schreiben in der Hand traf ich Peter Stein. Er las es und sagte zu meiner Überraschung, das hätte er auch selbst gern gemacht, genau mit dieser Begründung. Aber die Kündigung wurde gültig, ich war draußen. Später als ich meine Papiere abholte, habe ich noch das schönste Lob meiner professionellen Laufbahn bekommen, als mir der Geschäftsführer des Theaters zum Abschied sagte, wenn ich wollte, könnte ich jederzeit wieder an der Schaubühne anfangen.

Morgens alleine

Morgens alleine, da hab ich
meine Ruh.
Und wenn ich auch noch
müde bin,
ich schau mir selber zu.

Ich spür den Weg von Traum
zu Paar
einfach better out of Bett,
ich weiß, ich weiß, die Angst
die rennt
noch fünf Minuten weg.

Dann lieg ich lang und denke,
mein Gott, wie ist das schwer.
Aber wenn ich erst mal
senkrecht steh,
denk ich an gar nichts mehr.

Und dann wirds doch zu eilig,
die Angst treibt mich voran.
Ich brems den Schritt, schau
nicht zurück
und komm wie alle an.

Leicht abgehängt und müde
die Augen tief im Lot,
so schau ich auf die
Schaubühne,
ah, die Kumpel sind noch rot

Wir kämpfen um die Zeiten,
wer hat sie und wer stiehlt?
Warum soll ich zufrieden sein,
wenn ich mich beschissen
fühl?

Die Arbeit ist die Gleiche,
für jeden seinen Teil.
Der eine, der machts
widerlich,
den andern, den machts geil

Wir tuns zusammen, besser
so, man hat den Arsch im
Griff. Hey Kumpel, mach die
Ojen uff, besser wird's
schneller nicht

Ich weiß doch, was ich
brauche,
die Leute und auch mich.
Ich werde jetzt einfach die
Wahrheit sagen,
verboten hats keiner mir nicht.

Drum bin ich morgens alleine,
mit niemand, der mir kann,
so komm ich auf die Beine
und ende als alter Mann,

Die Klugen sollen reden,
die Weisen schweigen dazu:
Ich hab meine Arbeit gern
getan
und jetzt lass mich in Ruh.

Ich als Versicherungsvertreter

Keine Angst vor Menschen

Nein, obwohl ich das Studium gut abgeschlossen hatte und in einer kleinen Werbeagentur arbeitete, wollte ich nicht als Werbetexter arbeiten. Nein, ich wollte erst mal das Leben und seine Menschen kennenlernen, mit allen seinen Möglichkeiten und Unmöglichkeiten.

So lebte ich als Freak – wie man damals sagte – mit verbotenen Substanzen, mit Gelegenheitsjobs, mal hier, mal dort und auch mal gar nicht.

Dann kam die Idee auf, als Versicherungsvertreter zu arbeiten.

Damals gab es noch das sogenannte 624-Mark Gesetz, das zur Vermögensbildung der nicht ganz so Reichen beitragen sollte. Der Vorteil war, dass die eigene Einlage zur Hälfte vom Arbeitgeber getragen und von einer soliden staatlichen Prämie aufgefüllt wurde. So konnte man mit einem eigenen kleinen Betrag richtig Geld verdienen.

Das funktionierte nur auf Antrag bei einer Versicherung. Die dazu notwendigen Verträge macht man mit einem Versicherungsvertreter und auch der kann so eine hübsche Stange verdienen. Kathrin, die etwas unmögliche Hauptfreundin von dem Hauptsänger von Lava und ich machten sich auf den Weg nach Hamburg, wohnten in einem kleinen Hotel, mieteten ein kleines Auto und platzierten uns direkt hinter dem Hamburger Hauptbahnhof. Da ich mit meinen langen, langen Haaren als Versicherungsvertreter doch recht unglaubwürdig aussah, schaffte ich mir eine blonde Perücke an – mein Gott sah ich bescheuert aus.

Und so stellten wir uns ans Auto und sprachen wildfremde junge Leute an, um Ihnen die wirklich realen Vorteile der 624-Mark-Gesetzes zu verdeutlichen: Zeigte jemand Interesse, wurde er oder sie sofort ins Auto verfrachtet. Dort wurden dann alle Einzelheiten besprochen und ein Sparvertrag unterschrieben.

> *Am Bahnhof werden Werbefotos mit einem tollen Model gemacht, dass ich schon immer auf Anzeigen sehr, sehr anziehend fand... Und genau dieses Model stolziert vor meinen Augen auf dem Bürgersteig und lässt sich fotografieren. Wir blicken uns an und sofort wurde eine Verbindung hergestellt – wir erkannten uns. Abends dann, nach des Tages Versicherungs-Arbeit, besuche ich ein Lokal mit guter Musik und zu meiner Überraschung seh ich sie wieder – in den Armen eines perfekt gekleideten Werbemannes. Ich Idiot habe es nicht geschafft, sie anzusprechen, sie zu einem kleinen Tänzchen zu überreden und mich als ihren neuen Liebhaber vorzustellen. Ich war einfach zu schüchtern.*

Kathrin und ich waren als Versicherungsvertreter recht erfolgreich. Ich habe bestimmt drei, vier Verträge pro Tag abschließen können. Kathrin bezahlte unsere Existenz, Hotel und Essen – aber irgendwann war sie dann vorbei, meine Karriere als Versicherungsvertreter. Leider habe ich nie Geld gesehen. Das blieb ohne Zweifel bei Kathrin, sie sagte mir nur, dass die meisten Verträge ungültig waren und wir nichts verdient hätten.

<yLug und Trug in diesen Tagen, in diesen Kreisen, war nichts Ungewöhnliches, aber auch ich war nicht frei von Schuld.

Ein toter Freund.

Ja, wir waren etwas Besonderes, der Michael und ich.

Vor wohl 50 Jahren studierten wir gemeinsam, als 68er in Berlin und haben uns ein Leben lang nie aus den Augen verloren. Wir machten keine Politik. Wir waren Kultur. Und das war das Entscheidende in dieser umwälzenden Zeit.

Nach einer deprimierenden kaufmännischen Lehre stellte ich mich der Prüfung der derzeit angesagten Werbefachschule Deutschlands, der Akademie für Grafik, Druck und Werbung. Eine Zweitagesprüfung, in der wir auf Herz und Nieren und Nützlichkeit geprüft wurde. 250 optimistische Leute bewarben sich um 25 Studienplätze. Bei der Ergebnisveröffentlichung wurde die erste Gruppe hinausgerufen, die zweite Gruppe hinausgerufen und die, die dann noch saßen, die waren aufgenommen. Ein Durchbruch erster Klasse für mich.

Und dann rief mich die Bundeswehr. Ich Idiot folgte diesem Ruf, statt einfach in Berlin zu bleiben, wo die mich nicht im Zugriff hatten. Nun gut, also das ganze dann zwei Jahre später. Die Aufnahmeprüfung hatte ich ja schon bestanden und so konnte ich das Studium ohne Probleme beginnen.

Schnell stellte sich heraus, wer von all diesen Studenten Spezialist war. Michael und ich, wir waren ohne Zweifel Texter. Die ganzen drei Jahre verstanden wir uns als Konzeptioner und Texter und daran hat sich nie etwas geändert.

Michael war schon in dieser Zeit ein Eigenartiger, ein Besonderer. Keiner, den man berechnen konnte, der aber, wie ich, den Abenteuern des Lebens äußerst aufgeschlossen war. Meine ersten Kiffererlebnisse, meine ersten linken Demonstrationen, den Streik, den ich als Sprecher der Werbung mitorganisierte, meine ersten Arbeiten, all das erlebten wir zusammen und teilweise auch als Konkurrenten. Das war schon eine Ebene. Später dann, nach dem Studium verloren wir uns etwas aus den Augen.

Viele Jahre später trafen wir uns, als wir beide in Hamburg arbeiteten. Michael als Teilhaber einer kleinen Agentur, ich als freier Texter. In einer üblen Aktion katapultierte ihn sein Partner aus dem Geschäft und plötzlich stand er vor dem Nichts. Das war die Zeit, als Apple seine Grafik-Computer mit Erfolg vermarktete, und mit deren Hilfe konnte Michael als Einzelkämpfer weiterarbeiten. Und ich konnte ihm über die schwersten Stunden dieses Neubeginns hinweghelfen. Und weil er ein zielstrebiger und starker Typ war, dauerte es nicht lange, dass er gute und große Kunden betreuen durfte. Und ich als Texter durfte immer mal wieder etwas für diese Kunden schreiben.

Zwischen uns herrschte eine gute Arbeits-Atmosphäre, nicht ohne Spannungen, aber in aller Achtung und Liebe. Genützt hat uns unser gemeinsamer Hang zu krassen Witzen und eigenartigen, aber realistischen Weltsichten. Irgendwann machte meine Tochter ein Praktikum in seiner prosperierenden Agentur. Typisch für ihn (und meine Tochter): Er erhöhte während des Praktikums ihr Einkommen, ohne dass sie ihn darum gebeten hätte.

Und dann wurde sein wichtigster Kunde verkauft – seine Agentur stand vor dem Ruin. Alles vorbei. Ein Schlaganfall fällte ihn – nicht endgültig, aber vehement. Aber der ewig Starke erholte sich, es ging immer besser, er kam mit seiner Frau zum Fest meines 70sten Geburtstag, noch leicht schleppenden Schrittes, aber immer witzig, der Freund.

Wir schrieben uns oft per Mail. Immer motivierend, immer welterstaunt und anerkennend die Beurteilungen unserer Arbeiten. Wir hatten noch viel vor Augen, auch nach 50 Jahren Gemeinsamkeit.

Und nun ist er tot. Ganz plötzlich. Ich sehe da keinen Sinn drin, ich bin nur traurig. Er fehlt mir.

In Trance mit und ohne LSD

Unbekannte fremde Welten, und doch mittendrin

Die Zeit mit der großartigen und unglücklichen Band Lava wurde von Freunden begleitet, die es mir möglich machten, das Ganze ohne große Verletzungen zu überstehen.

Ich lebte damals mit der schönsten Frau der Welt in einer Wohngemeinschaft mit Doktor Frank zusammen. Allerdings war unsere Liebe schon etwas erkaltet, ja, Langeweile machte sich breit. Ich studierte. Sie studierte.

Zu dem großen Bedauern aller Beteiligten kam ich eines Vormittags überraschend früh in die Wohnung zurück und sah meine schöne Frau mit dem Doktor Frank im Bett. Das war's dann.

Dann begann die Zeit mit Lava, und Doktor Frank und B. hatten sich in eine Wohnung in Wilmersdorf zurückgezogen. Da der psychische Stress mit Lava zeitweise überhandnahm, besuchte ich die beiden – einfach um eine andere Welt, eine nahezu normale Welt zu erleben. Denn beide mochte ich immer noch gerne und die geschlechtsspezifischen Themen wurde konfliktfrei und kommentarlos ad acta gelegt.

Doktor Frank, das muss man wissen, war ein Sinologe, der sich auf eineanpruchsvolle Neuinterpretation des I Ging spezialisiert hat.

I Ging ist ein viele tausend Jahre altes chinesisches Orakelbuch, das extrem hilfreich ist, die Wandelbarkeit des Lebens zu akzeptieren. Gleichzeitig stellt es geistige Instrumente zu Verfügung, mit deren Hilfe man nahezu jede schwierige Situation in eine bessere umwandeln kann. (Die Übersetzung von Wilhelm ist sehr praktikabel, kann ich nur empfehlen).

Es dauerte nicht lange, dass das I Ging in meinem eigenen Leben und auch dem meiner Freunde eine entscheidende Beratungsrolle einnahm – nur zu vergleichen mit dem Bibelstudium gläubiger Christen. Es verging wohl kein Tag, an dem das Orakelbuch nicht befragt wurde und mir und allen anderen mit unglaublich treffsicheren Analysen und Voraussagen das komplizierte Leben deutlich einfacher machte. So wurde mit Doktor Frank und B. viel philosophiert und eine gute Freundschaft gepflegt, die allerdings allein von mir aktiv gehalten wurde.

Doktor Frank war nicht nur ein mehr als kluger Wissenschaftler, sondern kannte sich auch in allerlei rätselhaften Praktiken aus.

Stell dir vor, du bist zu Besuch bei guten Freunden und plötzlich legt sich der Mann auf den Boden und deine Ex dazu. Er beginnt tief zu atmen, ja zu zittern und sich in Trance zu begeben. Auch B. ließ sich von diesem Zustand überwältigen und beide lagen nun zitternd auf dem Boden. Ich fragte etwas befremdet, was das soll, wurde aber nur aufgefordert mitzumachen. Also legt auch ich mich auf den Boden und wir alle transzendierten nun die Realität.

Dies mit dem Ergebnis, dass wir alle uns voll synchronisierten, ein gemeinsames geistiges Erleben über die körperliche Realität hinaus: Wir dachten und fühlten uns identisch. Ein Erlebnis, das wir gern wiederholten.

> *„LSD (Lysergsäurediethylamid) ist eine halluzinogene Substanz, die 1943 von Albert Hofmann entdeckt und bis zu ihrem weltweiten Verbot als psycho-therapeutisches Hilfsmittel eingesetzt wurde."*

Der Höhepunkt dieser Transzendenzübungen erlebt ich dann in unserer Wohngemeinschaft. Zu viert warfen wir LSD ein, legten uns auf den Boden und konzentrieren uns, mit dem Ziel vollständige Synchronisation herzustellen, unsere gemeinsame Existenz zu erleben.

Es dauert nicht lange, dass mich ein heller Blitzstrahl blendete, ("das Weiße Licht") und wir uns in einer völlig anderen Welt wieder fanden. Wir lösten uns von unseren Körpern, empfanden gemeinsam, wir wurden eins. Eins in dem Sinne, dass wir in dieser Phase dasselbe Leben lebten, dasselbe dachten, und dies inmitten einer unfassbar dichten Menge unendlich vieler Elemente, die uns strukturlos und völlig lückenlos umgaben. Das war der Beweis: Alles ist mit allem verbunden.

Wir wussten, dass wir in diesem Moment völlig
identisch waren, dasselbe dachten und fühlten –,
bis wir wieder in unsere Körper zurückfanden. Zu
vergleichen eigentlich nur mit einer
Nahtoderfahrung.
(Das mal zu der Aufforderung der Yoga-Fraktion, die
ein lebenslanges Mühen empfiehlt, um zu erreichen,
was wir mit einem einzigen LSD-Trip erreicht
haben.)

DEUTSCHLAND
SCHWARZBROT

Im Schlafsack durch
Schottland und Devon

Eine Meile nun von Berlin weg

schreibe ich es nieder.

Es ist Dienstag.
Ich sitze im Wald auf der Erde,
und über mir
halten die Alliierten drohend
ihre Flugzeuge in der Luft.

Sie sind berechtigt
in Zeiten ihrer Angst
Lärm zu machen:

Oh,
das möchte ich haben.

Bei so viel Lärm in der Luft
schweigen die Vögel
im deutschen Grunewald.

Da - ein Vogel schreit.
Und in der Luft ist es stiller geworden.

Abfahrt 4. Juli.

Jeden falschen Schritt,
den ich gehe,
werde ich zurückgehen müssen.
Ich denke dabei
an den Weg,
den ich gehe,
den ich nicht zurückgehe.
Ich gehe.

Ich gehe an die Autobahn nach Hannover
und warte mit vielen Kollegen,
dass mich jemand mitnimmt in seinem Auto.
Ich spiele kräftig Gitarre,
dass uns die Zeit nicht lang wird.
Als ich mich dann entschließe,
mich selbst um ein Auto zu kümmern,
hält eines dicht vor meiner Nase,
und ich darf einsteigen.
Drinnen sitzt ein Mann,
dem gehört ein Haus auf den Hybriden.
Er nimmt mich mit
bis Helmstedt.

Gegangen bin ich dann ins Grüne,
dicht an die Autobahn vor Köln,
habe mich ins Gras gelegt
und bin voller Angst eingeschlafen.
Das kleinste Geräusch erschreckte mich,
als ob ich etwas Verbotenes tun würde.

Morgens in der Dämmerung
wecken mich Stimmen, ganz nah.
Ich erstarre.

Der Mond scheint als Sichel.
ALLE FARBEN HABEN EINEN TIEFEN,
BRAUNEN SCHIMMER.

Ganz hart,
ganz stark
muss ich werden können,
um die Natur zu verstehen.
Ständig und gelassen.

Es ist Sonnabend, der 5. Juni.
Die Autos sind voller Menschen.
Eine Stunde stehe ich an der Auffahrt
mitten in meinen Schmerzen.
Ich winke und spiele.
Ein Motorradfahrer hält,
will mich dann doch nicht, als er meine Gitarre
sieht.
„Die reißt Dir weg", sagt er,
„aber dich nimmt schon jemand mit."
Nach einer weiteren Stunde glaube ich ihm
seine Worte nicht mehr.

Ich fahre mit dem Bus nach Bottrop zum Bahnhof.
Gut und klar.
Löse eine Fahrkarte nach Ostende
und bin abends dort.
Das kostet 50 Mark.

Ein Käfer kriecht über die
Schreibmaschinentastatur.
Eine Spinne baut sich ein Nest mittendrin.

Die westdeutsche Garde stirbt
auf der Suche nach Gold.

Gierig schlupfen sie
weißgedorrtes Elfenbein
in ihr zugeordnetes Maul.

Und wenn sie zu viel wollen,
dann können sie nicht mehr.
Es sei denn,
sie nehmen
den Krampf,
die Krankheit,
das Übergewicht,
die Verkrüppelung,
das Eigenartige,
das Normale
in Kauf.

In Ostende schlafe ich in der Jugendherberge.
Dort machen sie mich klein. Ich bin jetzt 32.

Die Belgier haben schlechte Laune.
Weil sie nicht wissen
warum.

Great Britain.

WAITING ROOM.
LADIES ROOM.

personal tailor.

The Queen.

Victoria Station.

100 Mark sind 18 Pfund 10 Schilling
100:18 sind 5,50 das Pfund.

Cricket.
Die Spieler sind in Weiß gekleidet.
Weiß Gott,
auch die Neger, die Armen, die Feinen.

Ich stehe auf, gehe über einen Weg voller roter
Waldameisen – wie viele habe ich jetzt getötet? -
und will mich an einen Baum lehnen. Der Baum
lebt. An ihm laufen Hunderte von roten
Waldameisen rauf und runter. Sie arbeiten, denke
ich, und sehe erst jetzt, dass viele, die wieder
runterkommen, überhaupt nichts tragen.
Philosophen wohl.

Vorhin ein Schild:
Vorsicht Panzer!
Da war eben einer.

Ich wage es kaum zu schreiben -
es kommt so plötzlich:

Die Köstlichkeit des Gefühls

Das ist,
wenn man gesund ist.

Ich traf eine kanadische Mutter in Schottland, die hatte fünf Kinder bei sich, alles nicht mal ihre. Sie trampten zusammen durch Schottland und waren nicht langsamer als ich, der mit dem Bus fuhr. Auch ihre achtjährige Tochter musste ihr Päckchen selbst tragen. Das ist ein großer Rucksack in Schottland, zum Leben. Ich spiele mit dem Mädchen in einer Herberge, da schlägt sie nach einer Fliege, ganz kalt, ganz automatisch und hat eine Brille auf der Nase. Die Fliege bekommt einen Namen. Ich erkläre sie zu meinem Besitz und erlaube dem Mädchen nicht, sie zu töten.

Die Jugendherberge im Holland Park, London ist voll. Sie schicken mich weiter, in die KENSINGTON PALACE BARRAKS.
So sehen die aus.

A strange house
for strange people.

Das Gepäck liegt ziemlich sicher
unter der Aufsicht bengalischer Menschen,
die Gitarre noch sicherer beim Pförtner.
Ein fettes,
schwarzes,
mit Spiegeln verkleidetes
Herrengeschöpf-Geschäft
nennt sich
in der Kensington High-Street
CHE GUEVARA.

Viel wert
mein Geld
in England

Hier sitze ich
und kann nur noch langsam machen.
In einer AMI-Bar.
Zu essen gibt es,
zu trinken,
one coffee more.
Ich wasch meinen Kopf auf der Toilette.
Die Mädchen tragen Hot Pants, blue
schwarze Strümpfe,
weiße Pullover,
Fleisch zur Schau
Black music.
An der Wand
STARS & STRIPES
STARS & STRIPES
STARS & STRIPES
Es ist alles
wie immer:
THE GREAT AMERICAN SUCCESS,
London.

Und am Schluss dieses Tages
sehe ich im Fernsehen
einen deutschen Spielfilm
mit englischen Untertiteln
über die letzten Tage
von Adolf Hitler.

So schlecht gemacht,
dass sie alle
und oft
lachen dürfen
über diesen Mann.

Und selbst lesen sie
Comics
über den Faschismus,
der in ihnen ruht
und nur an das Tageslicht darf,
wenn sie ihren Hund rufen
oder ihre Kinder
die Engländer,
viele.

Die Unvernünftigen sterben. Aus.

Heut war es wieder neu, Geld zu haben.
Nach langer Busfahrt raus aus London.
Die Straße nach Norden ist gut besetzt
mit Trampern, die müde sind
vom Lärm
und der Hitze.

Das will ich nicht.
Das habe ich schon.
Und habe Geld.

Ich fahre zurück in die Stadt

In Lärm und in Ruhe.
Von Euston Station nach Glasgow
11,89 Pfund
1 Uhr 45 Uhr nachmittags
Plattform 13.

Jetzt sitz ich im Zug
nach Glasgow,
und das kostet mich über 60 Mark.
Kein großer Preis für das Vergnügen
fahren zu lassen.
Danke.

Der Zweifel nagt,
ob und wann
es richtiger gewesen wäre,
nicht mit dem Zug zu fahren,
überhaupt nach Schottland zu fahren,
oder besser zur Frau,
die ich lieben kann.

Es ist eigentlich kein klarer Gedanke.
nur eine Unzufriedenheit,
die All-Gemeine.

Bis ich herausfand,
dass die Scheiben in dem Zug
dunkel getönt waren.
Kein Wunder:
traurig.

Glasgow. Hier ist es kühl. Industrie. Hart.
Dunkel. Schwarz. Arbeit.
Celtic Glasgow, katholisch.
Glasgow Rangers, evangelisch.
Celtics Manager schwer verletzt. Autounfall.
Durch die Straßen am Bahnhof
wird ein schwerer Wagen gezogen.
Gezogen von schwarz-weißen Kaltblütern,
Black & White, schottisch.
Die Stadt ist gebirgig.
„Hello, can you play?", rufen zwei Mädchen
auf meiner Suche nach einem Schlafplatz.
Ich gehe hin zu ihnen. Sie wollen, dass ich Gitarre
spiele,

Aber Gitarre ist jetzt nicht dran.
Sie sind ganz jung und alt geschunden.
Sie schämen sich.
Ich fürchte, dass sie sehen,
dass ich sehe und nichts tue.
Wir raten miteinander unser Alter.
Wo ich herkommen, ob ich einen Girlfriend habe,
Arbeit. Wo ich hin will.
Sie arbeiten hier,
werden für die Industrie ausgebildet,
das tut weh.
Wir spielen.

Veronica spricht hart und schnell,
sagt was zu mir, ich verstehe nicht.
Sie schreibt es mir auf:

Next time are passing Through This way
Please let us know, how you are placed.
VERONICA Mc Clade

und ihre Adresse natürlich.
Als ich so weiterkomme, treffe ich auf eine Kirche.
Hier hat die so nah an dem uralten Kirchturm
gebaut,
dass er jetzt ihr gehört.

THE BANK OF SCOTTLAND.
Veronika!

Ich muss unheimlich aufpassen,
dass ich nicht
zum Angeber werde.

Glasgow.

Als ich mal sprechen wollte
und nicht konnte,
sagten sie zu mir,
ich spräche wie ein Waliser,
in Schottland.

open your heart, Richard,
open your tongue,
open your heart, Richard,
please cannot be wrong.

Von Glasgow
nach Ford Williams
drei Pfund 15.
Da drüben im anderen Zug
liest ein Blonder
zwischen sich und der Frau
Franz Kafka: Das Schloss.

Trost und Rat
kommt vor der Tat.

Das Letzte von Glasgow: Esso.

Fort Williams liegt einödisch,
nordklar. Man ist schon etwas Besonderes,
nur, weil man dort ist.

Ben Nevis ist der höchste Berg Großbritanniens.
Ich sitze an seinem Fuß
in wenigen hundert Metern Höhe
über einem Flusstal
und sehe tief die Landschaft.
UNTER MIR FLIEGT EINE MÖVE.

Die Weite des Unterbauches,
die Entspannung der Gesamtheit.
Mir denn,
Dir denn
Je.

Noch verschlossen
Aufmachen
Es ist ein Dreh
Körperlich
Stark
Ich suche
Einen Satz
Ankommen
Abfahren
Loslassen
ZU ENDE
GEHEN
3

Bagpipes
Rg.Lawrie. Ltd.
Ranfield Street
Glasgow/Scotland

(Falls Du mir einen Dudelsack schenken willst.)

11. Juli. Fiona und Gill aus Aberdeen lerne ich
kennen.
Gill bekommt das Feuer im Gasherd nicht an.
Ich bekomme das Feuer im Gasherd an.
Fiona und Gill können am Abend Toast genießen.
Wir gehen einen trinken.
Drauf.

Ich verliebe mich in Gill,
und warum sie lacht.

In dieser Nacht träume ich
in einen Zug gestiegen zu sein,
der nicht in meine Richtung fährt.
Vor dem Bett kniend wache ich auf

und

AM BERLINER BUNDESTAG STEHT
EINE GRUPPE SCHWARZER INDIANER.
SIE TROMMELN EINEN RHYTHMUS
DEM ICH BEIPFLICHTE, MITMACHE.
ZWEI INDIANER STEHEN VORN

UND STOSSEN SICH MESSER UND HAKEN
IN BEIN UND NASE,
OHNE DAS GESICHT ZU VERLIEREN!
BEI EINEM SEHE ICH DEUTLICH
DIE WUNDEN AN DEN NASENFLÜGELN!

Sie nennen mich Hans
in Schottland.

Im Regen und Nebel
steige ich auf dem höchsten Berg
der Britischen Inseln.
So stark,
so schnell,
dass ich mich oben verirre.

Und als ich wieder unten bin,
ziehe ich meine Schuhe aus
und betrachte meine Wunden.
„Hi", sagt der Herbergsvater.
„Very high", sage ich.

Ich ruhe mich aus
und fahre weiter nach Inverness,
das liegt auf der anderen, östlichen
Seite Schottlands.

In Inverness.
Hier rufen die Möwen
so laut, dass sie
den Straßenlärm
weit übertönen.
Hier scheint abends
die Sonne wieder,
nachdem ich sie
tagelang nicht mehr
gesehen habe.
Hier auf dem Berg
zur Burg, über den Fluss,
entdeckte ich ganz sacht
die Kraft und
wo sie herkommt.
Ich höre
Dudelsackpfeifer ziehen
durch die Stadt.
Mit Trommeln und gemessen.

THE NATURE OF GILL.

Mensch, Mensch, eh,
hier geht's lang,
mach es Dir selber besser,
dann wird Dir nicht bang.
Und kommt es ganz anders,
dann wirst Du verstehn:
dort, wo es hingeht,
das hast Du gesehn.

Belogen wird der lügt,
betrogen wird der trügt
Wird gut gemacht vom guten Mann,
Mensch schau Dir deine Arbeit an.

Mensch, Mensch, ey,
hier geht's lang,
von hinten, von vorn,
dir wird nicht bang.
Eins machst Du selber
das andre wird klar,
ein Mensch geht alleine, eh,
wunderbar

Mensch, Mensch, ey,
hier geht's lang,
mal drunter, mal drüber,
Dir wird auch mal bang.
Natürlich willst Du leben, sei kein Idiot,
das Beste musst Du geben,
Du gibst es in der Not

Belogen wird der lügt,
betrogen wird der trügt,
das alles machst Du nicht mehr mit,
Mensch, Mensch, nun liebe Dich

Auf einer Waage
in Schottland
wiege ich 14 Stones
oder 170 lbs.

Die Stones sind mir lieber.

<u>Unter Männern:</u>

Der Dudelsack
wird geblasen
mit spitzem Mund,
vorn.
Die Augen blicken
auf alles,
was sich nicht bewegt.

Das erste Gesetz:
sei froh, dass Du lebst.
Das zweite Gesetz:
Sei froh, dass ist kein Drittes gibt.

Dann esse ich
ausgiebig und ereignisfroh
im Ness-Café
1 Juice
1 Soup
1 Steak
1 Meringue
<u>1 Coffee</u>
für 2 Pfund 1
Ich luge nach Bed & Breakfast.
Ich klingel unter Zagen an einer Tür.
Als der mich sieht:

„I´m afraid,
we are full.
Do you understand me?"
Ja, ich tue
und schlafe in einer alten, halb abgebrochenen
Scheune
unter der Aufsicht einer Katze und habe immer
wieder Angst.

Ich fahre mit der S-Bahn
Richtung Sonnenallee.
Es geht los:
Ich sitze am Fenster und starre
hinaus in die Dunkelheit.
Krachend fährt eine Faust
auf das Fensterbrett hinter mir.
Eine Stimme brichts heraus,
erst undeutlich, dann ganz genau:
„Wir werden weitermarschieren,
bis alles in Scherben fällt.
Und heute gehört uns Doitschland
und morgen die ganze Welt."
Immer wieder wird der Takt mit der Faust
geschlagen.
Er, ein Mann, spricht, lallt wie ein Betrunkener
zur Kompanie.
Wenige Worte sind verständlich.
Parole: „...dies, das und ran...wir
werden weiter marschieren."
Und „Früher habens alle gern gemacht,
heute will keiner mehr das gewesen sein,
was er gewesen ist."
Und lange, stark zerstörte Passagen.
Er steht auf, geht zur Tür
und jetzt sehe ich ihn:
Blond. braun,

Mitte Dreißig,
ich kann mich irren.

Wir steigen zusammen aus, er torkelt nicht.

Die letzte Bahnstation im Nordosten ist Wick.
Ich in Wick.
Bed & Breakfast
bei Mr. and Mrs Munro.
Gut bis sehr gut
bürgerlich.
Ein ganz kleines Zimmer
für mich. Ein Bett.
Eine Badewanne. EINE BADEWANNE.
Ein Spaziergang, der Nebel liegt dicht und schwer.

Ich gehe zum Hafen.
Die Straße, klein, eng.
Die Häuser uralt,
schon vergessen,
zugemauert.

Das Wasser ist ruhig,
Nebelhorn.
Ganz still. Ein Angler.
Er grüßt.
Ich grüße, so gut ich kann.

Langsam, es wird dunkel.

Ich gehe zurück
und nehme eine Plane mit,
die ich finde. Wasserdicht.
In der kann ich schlafen, wenn es regnet.

Mrs. Munro redet viel
diesen Abend und macht mich krank.
Sie haben einen Hund, der frisst Süßigkeiten.
Mr. Munro legt ihm einen Keks vor die triefende
Schnauze und wartet.
Der Hund wartet.
Erst auf ein ganz gewöhnliches Kopfnicken
seitens des Herrn frisst der Hund den Keks.
Mrs. Munro kann das auch.

Am Tag
ZENTRALISMUS
FASCHISTENSEX
VERGEWALTIGUNG
UND ABENTEUER
UNTER DEM ZEICHEN DES HAKENKREUZES

Ich kann nicht mehr:
Bei Munros wieder
sehe ich mich um:

Auf dem Kamin
stehen Bilder von Menschen
die haben große schwarze Hüte
auf dem Kopf.
Doktoren, Magister, Silentium.
Die Kinder.
Der Kamin ist geschlossen.
Vor ihm steht ein verchromtes Gebilde,
Kamin vortäuschend, aus Kunststoff, Blech
etcetera.
und elektrische Röhren, die die Hitze geben.

In der Ecke
auf dem Tisch
ein 2800-Pieces-Puzzle.

Und wenn Du nicht gestorben bist,
setzt Du Dich an das wohlgestimmte Klavier
und träumst von besseren Zeiten.

Ich denke immer,
dass ich nicht genug Zeit habe
zu schweigen. Zeit ist Geld.
Ich nicht.

At longue-time
with Munro-Family.
Sie reden über Ihre Interessen.

Am Abend
regnet es
Dogs & Cats
wir Mr. Munro
beliebt dreimalhintereinander
zu scherzen.
Zweimal zu mir
und einmal zu seiner Frau.

Am Morgen spielten Mrs. Munro
sanft und elegant
und nur für mich
ein altes
schottisches Volkslied
auf dem Klavier.

Wir fahren dann nach Norden im Auto.
Ein Schotte und eine Schottin haben mich
mitgenommen,
Sie wohnen auch bei Munros.
Plötzlich halten wir, mitten auf dem Land.
Es gibt nichts Außergewöhnliches zu sehen, denke
ich.
Aber das Gras riecht gut.
Wir gehen über eine Wiese.
Wir machen uns die Schuhe dreckig.
Und dann sehe ich das Meer
und die tiefe Schlucht, ausgewaschen.
Wir stehen auf einem Felsen,
wohl 50 Meter über der schallenden See,
blicken hinunter in den braunen Stein,
der sich geöffnet hat -
eine tiefe Kerbe ins Land hinein.
Und über allem hörst Du das Schreien
der tausend tausend Seemöwen:
das Kakeln, das Rufen
das Ziehen, das Schreien.
Sie sitzen in ihren Nestern
senkrechter Felswand
und ziehen auf die Jungen.
Kormorane tauchen nach Fischen,
Pinguine ja watscheln
auf den schräg aus der See ragenden Klippen.

Auf der Spitze unseres Felsens
stehen die Überreste einer alten Burg.
Maria Stuart oder so.
Die Steine hat der Wind gefressen,
ihre Schichten liegen bloß.
Ich fasse an,
wo sie früher angefasst haben mögen.
Es ist Schottland.

Wir fahren weiter nach John O´Groats.
Ich stehe vor dem letzten Haus
nördlich Britanniens Boden.
Hier werden Ansichtskarten verkauft.

John O´Groats war der Mann,
der ein Haus mit sieben Türen
um einen Tisch mit sieben Seiten baute.
Er schlichtete so einen Streit
zwischen seinen sechs Söhnen.
Jeder von ihnen wollte an der Tür sitzen.

Nördlicher geht es auf dem Festland nicht.
Hier bleibe ich erst mal.
Ich gehe in die Jugendherberge und treffe die Frau
mit ihren fünf Kindern wieder. Wir lachen uns an.

Eine Kuh brüllt
nachdem ich nun gesungen habe.
Und stöhnt.

Dicht über Land rollt von fern
eine graue Wolke
auf mich zu.

Mit rasender Geschwindigkeit nähert sich
die kilometerbreite Walze,
den Boden ganz und gar bedeckend,
hüllt alles ein,
hinter ihr kein Widerschein mehr
von der grünen, satten Landschaft und dem Meer.

Und in Sekundenschnelle
hat sie mich erreicht,
umschlingt,
feuchtet mich
und treibt weiter.

Ich stehe im Nebel.

Bei John O´Groats gehe ich an der Küste entlang. Es regnet. Der Strand ist mit großen Steinen bedeckt. Ich komme langsam voran. Jeden Stein muss ich bespringen, beklettern, betasten. Nass sind sie, rutschig und keiner wie der andere, der Stein. Robben tauchen aus dem Wasser auf, runde Augen im tiefschwarzen Kopf, begleiten mich. Wenn ich nicht mehr kam, setzte ich mich nieder und spiele Gitarre unter dem Poncho. Irgendwann geht es dann nicht mehr weiter, der Felsen ragt steil aus dem Wasser. Ich werde für lange Zeit still, muss halten. Und dann steh ich auf, ruf ich, schrei ich, gehe zurück, kletter und steige. Jede Farbe, jede Form gibt mir neue Nahrung.

Über mir fliegt ein Vogel mit langem, rotem Schnabel und blauen und weißen Gefieder. Er kreist über meinem Kopf, schreit und ruft mit mir, macht alles bekannt, weckt mich, wenn ich aufhöre und ich rufe ihn, er kommt zurück, wieder und wieder. Wir singen und schreien und machen zusammen.

Ho! Ich habe eine Stimme

Mir tut die Schwanzspitze weh.
Helfen kann ich mir durch Schweigen.

Ich gehe nach Durness, weil Sonja
sagte, sie würde nach Durness gehen.

Ich verlasse die Jugendherberge,
wandere erstmal ein paar Stunden auf
der Landstraße, die ganz im Norden
Schottlands von der Ostküste zur
Westküste führt. Aber ich mache
mich nicht zu müde und steige in den
Bus nach Thurso. Den vollen
Fahrpreis muss ich zahlen, als ob ich
nichts getan hätte. Es sind nur noch
ein paar Meilen nach Thurso.

In Thurso mache ich Mittag auf einer
Bank und bekomme Besuch von
einem kleinen Mädchen und ihren
Freunden. Als ich weitergehe, bleiben
sie an meiner Seite und das Mädchen
greift voll und sanft in die Saiten
meiner Gitarre, die an mir herunter
hängt. Sie liebt mich und will ein Eis,
als ich sie nach dem Weg frage. Ich
muss ein Eis ausgeben für alle, sie
zeigt mir den Weg und ist dann bald
nicht mehr da.

Ich trampe weiter. Die Busse fahren zu
selten. Aber dem Busfahrer, der dann hält,
muss ich ein deutsches Lied vorsingen, er
will von Lilli Marleen hören. Er setzt mich

vor einem Atommeiler in den Bergen ab.
Als es zu regnen beginnt am Nachmittag,
nimmt mich ein Junge mit. Er kennt
jemanden, gut für Bed & Breakfast. Wir
biegen ab von der Hauptstraße und
fahren tief in die Berge, zur See. Wir
halten vor einem Haus am Dorfrand und
Jane kommt heraus. Sie ist freundlich,
sagt viel AHA und hat braune, schwarze
Augen. Sie fragt mich, ob ich im Stall
schlafen, will, auf einem Bettgestell. Ich
brauche dafür nichts zu zahlen und wir
können Freunde sein, dann.

Ich muss lachen,
und lange fragt sie, warum.

Und am nächsten Tag schon
sitze ich in DURNESS
auf einem grasbewachsenen Kliff
und weiß gar nicht weiter.
 Die Sonne scheint gut.
Das Meer liegt ruhig.
Ich blicke in Richtung Nordpol,
wo das Wasser tiefblau ist.
Ich fühle mich nicht viel.
Wenn sonst,
 dann wäre ich
 zufrieden.

Du musst auch leben können.
Sonst stirbst du schlecht.
Bist nicht vorbereitet.

Vor mir die offene See.
Ich sitze auf dem nackten Fels,
das Leben lebt sich selbst.

Jan felt a little bit,
only a little bit,
strange with me.
„May be", I said,
„cause I am a stranger."
Und natürlich hat sie auch recht.

Ich ziehe mich zurück
mit meiner kleinkernigen Furcht
auf dem blanken Felsen von Durness,
schlafe und esse
und warte auf das,
was sich zeigt.

Hell O.

Ich habe Angst.

Die Sonne geht auf.

Ich träumte, für den Film
müsste ich vor einem Schützenpanzer hängen
am Rohr, und dieser fährt ziemlich schnell
durch unwegsames Gelände,
so dass ich in Gefahr gerate herunterzufallen
und erdrückt zu werden.
Das Aufnahmeteam lehnte einen Sicherheitsgurt
ab.
Der Trick bestand darin, den Fahrer
seitlich am Fahrzeug vorbei zu beobachten,
eine zusätzliche Erschwernis

Ich schlaf draußen, dicht über der See,
weit auf den Klippen.

Ich in der Jugendherberge. Bin hingegangen, mir Tee zu kochen, stelle die Gitarre an die Wand, zahle 6 Pence for cooking, setze Teewasser auf, stelle die Trinkflasche auf den Tisch, treffe einen jungen Freund, spreche mit ihm über das Essen, erkenne eine Liebe aus John O´Groats an diesem Tisch wieder und beginne ihr zu sagen, was und wie ich das an ihr finde.

Sie ist Arbeiterin und sehr vorsichtig.
Das fehlt mir. Sie bietet mir eine Zigarette an.
Ich neine und bitte um einen Keks.

Ein Mann kommt, stellt ALPEN-Müsli auf den Tisch. Das fehlt mir auch.
Sie errät und bietet mir eine Schachtel an.
Ich nehme. Es kommt ihr Macker.
Belgier wie sie Belgierin. Wir beraten, wie zu essen ALPEN nötig ist. Sie sagen ALPEN mit Milch! Es ist keine Milch für mich im Haus.

Ich gehe zum Grocer, eine halbe Meile weit.
Da stehen sie Schlange, lange.

Ich ärgere mich über die Hausfrau, die schnell zwei lange Schritte macht, um noch vor mir in der Schlange zu stehen. Mit dem Gesicht, als wüsste sie nicht. Ihr Bub ist dick. Ich ärgere mich über den Mann, der nach mir kommt, mit schmalen Lippen, die Pfeife spitz im Mund getragen, wie er mit wenigen Schritten einfach in den Laden hineinschleicht, wo wir alle draußen stehen, nach einer Minute herauskommt und hat, was er will.
Das habe ich auch alles gern gemacht.
Ich komme erst viel später dran. Die Bedienung, die Frau, ist immer freundlich. Danke.

Ich gehe zurück. Auf dem Hof der Herberge spielt
jetzt einer auf meiner Gitarre, auf den letzten
empfindlichen Saiten. Er fragt mich so gut, dass er
weiterspielen kann. Ich gehe hinein, meine
Freundin sitzt dort allein und verschlossen, liest.
Ein anderer alter Freund taucht auf, setzt sich.
Ich esse ALPEN.
Mit Milch.
Dann stehe ich auf, koch Tee,
verabschiede mich, hole die Gitarre wieder in
meinen Besitz und gehe zurück
in die Klippen.

Ich träumt, ich wär im Raumschiff
und wir, die ganze große Mannschaft
sind glücklich, wie man so ist.
im Raum angekommen.
Ich habe noch meinen Affen auf dem Rücken,
ganz normal
und bringe als Erstes ein wenig
unvorschriftsmäßig früh
die Duschen an,
sodass ich mich melden kann vorne in der
Führerkabine
zum Funkspruch auf die Erde: „Jürgen ist da."
Als ich fertig bin und nach vorne eile
ruft mich ein mir und meiner Familie bekannter
Offizier
laut an: „Jürgen!" Ich steh sofort stramm,
die Hand an der Mütze.
Er macht mich darauf aufmerksam,
dass mir der Schnotter lang aus der Nase läuft:
Ich entschuldige das mit dem gestrigen Tag
und halte erst mal inne.

Nach einem Gang
rund um die Klippen von Durness
gehe ich oben zurück an der Küste entlang
und rieche die Wiese.
Die Sonne ist wieder da,
und kleine gelbe Blumen
leuchten mitten im tiefen Grün.
Die Heimat ist nicht weit,
ihr Geruch ganz nah.
Ich entspanne mich
und kann wieder sehen.

Unter großer Spannung leidend
habe ich die Plastikfolie, die mich während des
Regens schützen soll, repariert.
Teile von mir standen heute Morgen unter Wasser.

Der Wind ist stärker geworden.
Schaumkronen auf der See.
Die Kittyhawks spielen weit draußen.
Gestern kamen sie so, so nah,
dass ich das leise Rauschen ihrer Flügel hören
konnte,
obwohl sie bewegungslos über mich hinweg
flogen.
Sie erschrecken, wenn sie mich so plötzlich sehen
und steigen steil hoch
in die Luft,
die ihre ist.

Say goodbye, say goodbye,
Say good by to another kind of lie.
Soll ich gehen?

Heute Nacht war ich mit Thomas Karrenbach
zusammen.
Es war sehr gut. Wir haben uns verstanden.
Bei allem Zusammensein habe ich nie gewagt zu
sagen:
„Aber Thomas, du bist doch tot!"

Durness.
Diuranais,
zum Beweis, dass ich da war.

Ich will.
(in der Nähe streift ein Jäger umher
und legt sein Gewehr auf Hasen an.
Schnell und entschlossen.)

Jetzt ist es still.
Ein Schwarm kleiner Vögel
fliegt niedrig und schnell vorbei.
Die Luft rauscht mächtig.

Hier bin auf dem Lande, nicht auf der See

Ich habe meinen Lagerplatz
auf den Klippen aufgeben müssen.
Ein Müllberg, weit hinter meinem Rücken,
hat angefangen zu brennen.
Und es weht genau in meine Richtung.

Ich mache mir ein Lager
an einer alten Steinmauer,
mitten auf der Wiese.
Und dann bekomme ich Kopfschmerzen.
Dicht vor einer richtigen Erkältung.

Und noch am Abend
gehe ich in die Jugendherberge,
verwettert.
Dort ist es warm,
dort singen viele Mädchen weiche Stimmen
„On the Ohio" und deutsch.

Schön war es.

Ich kuschel mich in mein Bett
und wühle lange, bis ich einschlafe.

Morgens steh ich früh auf,
wasche mich,
nehm den Bus nach Süden, nach Süden.

Ich will nicht mehr im Regen.
Ich will nicht mehr in der Kälte
stehen, sitzen, liegen, spielen.

ALSO: LOS
Von Glasgow nach London,
zu sechst in einem Abteil:
Luc,
Patrick,
Allen,
Frank,
John,
und Hans
freut sich, dass er alle Namen behalten hat.
Hans.

Es gibt Musik aus dem Recorder, Bier und Stullen.
Wir spielen Karten, 17+4.
Am Schluss bleiben Patrick und ich übrig.
Wir spielen lange. Mir zu lange.
Ich setze alles auf eine Karte
und verliere.

Schlafen tu ich im Postabteil.

Tea-Breakfast in London selbst.
Duschen und Waschen.
Los nach Westen.
Strand.
Warm.

Ich schütte oft daneben.
Mir fällt die Brille runter.
Bier spritzt mir auf die Hose.
Disziplin-Bitte.

Panik in London
oder wie ein Mittelklassler
vor seiner Frau die Manschetten
aus der Jacke lüftet
in Schwung sich artig zufrieden
angenehm softly, ah, hinsetzt
die Brotkrümel sorgfältig vom Tisch wischt,
die Augenbrauen hebt
und beginnt das Schmutzblatt
Daily Mirror zu lesen.

Und doch Liebe in der Stadt.
Die Engländerin neben mir
lächelt ihre schwarze Nachbarin jetzt an,
als ihr Sohn aus der Zeitung vorliest:
Tina Onassis
hat einen der reichsten Bürger Griechenlands
geheiratet. Die.
Die Hetze.
Das Feuer.
Zu Hause.
Im Bett.

Ich kann mir nichts ersparen.
Ich kann wollen, wie lange es dauert,
mein Leben.

PADDINGTON
Bahnhof, U-Bahnhof
20 p
eine schnelle Rolltreppe
Kreuzung
Irrweg
eine lange eiserne Wendeltreppe schmal
der Zug fährt ab
30 Sekunden warten
„Personally I´ve not
had such a good time
with my clothes on
for ages.“

Ich fahr nach Exeter.
Es ist so warm in Exeter.

Ich komme aus Schottland. Dem Lande der Scotts.
Und steige aus dem Zug in Exeter.
Exeter ist eine der südlichsten Städte
Englands überhaupt.
Es ist völlig warm in Exeter. Ich fühle mich
wohl.
Ich fahre mit dem Bus nach Exeter hinein.
Steige ganz langsam aus, in der
Innenstadt.
Steh rum und werde angegafft
in dieser kleinen Stadt.
Die Geschäfte faszinieren mich.
Was es alles zu kaufen gibt
für einen der nichts kaufen soll. Will.

Langsam, ganz langsam steigt mir die Wut
zu Kopf. Ich kaufe mir Kaffee und ein paar
Kekse in einer Imbissbude und finde die
Vorstellung, durstig und hungrig in einer
warmen Stadt und Kuchen zu essen
schöner als den Geschmack von Kaffee
und Kuchen nach dem Essen von Kaffee
und Kuchen.

So suche ich mir einen Platz zum Ruhen.
Und lese auf einer Karte von der Kathedrale,
gehe los zur Kathedrale.
„It´s a good way."
Und finde sie groß, hell, romanisch.
Auf dem Rasen warten Menschen
und es ist eine ganz ruhige Atmosphäre
um die Kathedrale,
so wie man vernünftig wird
in der Gegenwart eines Vernünftigen.
Ich setze mich auf den Rasen,
lehne mich gegen meinen Rucksack,
dass ich die Menschen und die Kathedrale gut
sehen kann

Ruhe.

Da stellt sich das schwarze Mädchen, das ich sah, vor mich hin, sodass ich nur noch sie sehen kann und fragt mich, ob sie meine Gitarre spielen dürfe. Ja, bei mir, antworte ich. Sie setzt sich in ihrem langen weiten Rock, beginnt die Gitarre zu stimmen, ungeduldig und scharf. "Diese Gitarre ist schwer zu stimmen, manchmal kämpfe ich den ganzen Tag", erzähl ich ihr und sie macht ein paar ruhige schöne Griffe, die ich kenne, aber nicht so. „Von dir kann ich was lernen", sage ich ihr. Schnell fragt sie „Was?" - „Gitarre spielen", antworte ich. „Kannst Du spielen", fragt sie mich. "Manchmal", sag ich, und sie zweifelt. Ein Mann schiebt sich zu uns, blond, Mitte zwanzig, älter als ich. Er spricht sie an. Sie hat aufgegeben zu stimmen, will einen Keks von mir. Ich bin froh, ihr etwas Gutes tun zu können. Ich krame aus dem Rucksack einen Satz Saiten, harte, und hoffe, dass die sich besser stimmen lassen. Sie freut sich und beginnt sofort umzusaiten. Inzwischen lerne ich Englisch bei ihr. Ich bin ein deutscher Schweinehund, Sohn der Gestapo, die ihre Großmutter umbrachte. Und der Blonde ist ein großes, dummes Arschloch, weil der die Saitentasche, die ihm der Wind zuweht, nicht zurückgibt, sie bei sich behält. Sie will die Tasche zurückhaben, greift danach, er spielt mit ihr. Sie soll erst dreimal Bitte sagen. Das macht sie tatsächlich und springt auf allen Vieren zu ihm herüber und reißt ihm die Saitentasche aus den Fingern. Dabei flucht sie ganz fürchterlich. Der Blonde spielt weiter mit ihr, dann steht er auf, wirft dem Mädchen noch eine Seitentasche vor die Füße und geht. Sie schreit enttäuscht hinter ihm her. Ich berühre sie. In ihren Haaren hat sich ein Tier verfangen. Ich zupfe es heraus. Ich schlage ihr aufs Knie, zu zeigen, wer ich bin. Sie heißt Sarah Wonder, Tunidad. Die Gitarre hat sie liegen lassen. Die Lust hat sie verloren.

Ich mache mich an der Arbeit, saite weiter um, eine Saite hat sie selbst geschafft. Die hohe E. Ein junger Typ liegt neben uns, reicht mir eine Saite nach der anderen, will helfen. Ich fragte ihn nach einem Schlafplatz. Es wird kühl auf dem Rasen. Sarah interessiert das nicht. Sie geht rum holt sich eine Zigarette von irgendwo her und setzt sich wieder zu uns. Ich stimme die Gitarre nach der Mundharmonika. Es dauert ihr zu lang. Und sie geht fort. Ganz plötzlich, diese Jungfrau. Ich spiel Gitarre, laut über den ganzen Platz.

Auf einem Berg
über Exeter suche ich einen Schlafplatz
und finde einen alten Wohnwagen, offen.
Vor mir ein Fußballfeld
unten die Stadt.

Rundherum Wiesen, Bäume und Knicks.
Ich sitze auf einem Baumstamm und spiele
Gitarre.
In einem harten, ruhigen Rhythmus.
So geht die Sonne unter,
hinter den Bäumen und dem Berg.

Der Mond kommt voll,
klar blau die Nacht.

Ich will durchmachen
und schlafe ein.

Der Junge hat gesagt,
Bude ist gut.
In Bude gibt es nicht so viele Touristen,
und dort ist Strand.
Bude liegt nördlich.

Ich trampe
und gerate in eine Touristenwoge,
dass ich die Hauptstraße wieder verlasse,
einfach woanders hin.
Abends erreiche ich eine Stadt,
ganz nahe am Atlantik.
Der alte Mann, der mich fährt,
freut sich, mich zu sehen.
Er hat in Deutschland einen Krieg gewonnen
und die Leute, die den Krieg verloren haben,
haben ihn freundlich empfangen.
Er macht einen weiten Umweg
und fährt mich direkt vor die Jugendherberge.
Sie liegt einsam,
ein Schloss nahezu,
auf einem Berg.
Ich lege ab und gehe bald wieder hinaus,
so schön ist es draußen.
Ich sehe und rieche
die Luft, das Gras und grün und Hoffnung,
süßer Nektar die Natur.
Als ich über einen Zaun steige,
sehe ich nur noch Korn und Himmel
und dann
die breite Mündung zweier Flüsse in die offene
See.
Ich wälze mich im Gras,
von allen Seiten gefühlt
und warte hinter einem Knick
windgeschützt
auf den Sonnenuntergang,
braunrot heute.
Instow. Morgens sitze ich in Bideford Dorf bei
einem Kaffee.

Hier legte ab
Sir Walther Raleigh
zu seiner Amerika-Fahrt.
Das schwarze Haus an dem Kai,
von dem er es tat, steht noch, ist in Gebrauch.

Der Grund für die Großmacht Englands war die Art
der Leute wie Walther.

Um das zu sehen, ich raus nach Westward Ho!,
einer dieser Orte, die mit Ausrufezeichen
geschrieben
und gesprochen werden.
Walter R. hat sich gefasst.

Und dort ist Strand nur bei Ebbe.
Sonst ist Flut.

Tatsächlich gibt es Engländer,
die machen sich ein Nest
aus faustgroßen Steinen
und legen sich hinein.

Ich gehe weit, ganz an die Spitze der Halbinsel,
dort, wo die beiden Flüsse das Meer berühren,
ist Strand, Platz für mich.

Eine Biene besucht mich.

Help to work.
For a pitty.
Langstrumpf sonderbar.
Ohne Komma rückwärts.
Mich kennt keena.
Mich kennt Nur.

(Es sieht nach Regen aus.)

Mein größter Fehler
Die Ungeduld
Macht mich wund
Nicht sehen zu wollen
die Richtung der Gedanken
Auf das Ziel.

Wie viel Tote soll es geben?

Oder: Auf allen meinen Wegen
bist Du mein Gott bei mir.
Und sollt ich überleben,
komm ich auch mal zu Dir.

In der ersten Nacht schlafe ich am Strand.
Dicht und tief.

In Inverness sprach mich eine alte Dame an:
Lächelt und hält mir eine Broschüre unter die
Augen.

„For what?", frage ich (kurz zuvor habe ich
gesehen eine Sektenkundgebung aus dem MG
Midget heraus).
Sie stutzt und freut sich, mir sagen zu können:
„It´s free."
Ich nehme:
„What Christ offers."

Ich fühle mich angekommen in Westward Ho!
und verpflichtet, unter diesem großen Namen
etwas zu leisten, was meiner würdig ist.
Das war schon immer ein Fehler von mir.

Am Feuer
Würstchen gebraten
Heiße Milch mit Instant Coffee
Ausspannen
Es wird langsam
Dunkel

Bis Mittag scheint die Sonne
Und dann als ich anfange, selbst gebraten zu
werden
bezieht sich der Himmel sehr rücksichtsvoll.
Ich kann arbeiten.
Arbeiten heißt: bei mir bleiben,
unter welchen Bedingungen auch immer.

Die Möwen
die rufen
wie Jungs
und alte Frauen

Langsam gründlich werden.
Mann, Mann, Mann.

Jetzt ist mir die Milch übergekocht
Gestern habe ich beim Holzsammeln meine Brille
verloren.
Jetzt.
Hetzt.
Wtzt.

Ich habe mir Feuer gemacht und träume:
Mein Vetter Detlef ist von meinem Großvater Hans
Spiegel – beide sehe ich in einem Volkswagen
sitzen – ausgesucht worden, König zu werden.
Nun, ich wusste aber, dass Detlef die schwedische
Kronprinzessin heiraten würde, schwedischer
König wird. Das wollte sie, die ganze Familie, dem
Großvater gleich erzählen, damit kein Unglück
geschieht.

Und traume:
Meine Schwester Christiane erinnert mich daran,
dass ich sehr wenig Liebe meinem Vater
gegenüber aufbringe."Ja, denkst du denn nicht,

dass mir selber aufgefallen ist, dass da, wo ein
Gefühl für ihn da sein sollte, alles tot ist?" frage ich
sie. Sie stößt mir mit ihren Knien in meine Eier,
zart, dass es weh tut. Mutti ist gleich da und fragt,
was es soll, der Stoß und die Frage. Sie, Christiane,
verlässt fluchtartig den Raum, bevor ich sie
verprügel, denkt sie.

Da, wo jetzt Ruhe ist,
kommen die Gedanken
an die Oberfläche.

Es ist kein Anlass
zum Denken,
weil da ist
die See,
der Sand,
die Steine,
der Himmel,
die Möwen
und ich.

Und denke,
ich habe Angst
blind zu sein
für die Gelegenheiten
des Lebens.

Oder: Schock,
schwere Not,
der Himmel vergibt Dir,
doch dann bist Du tot.

Unter der Bürde der Annahme, etwas
Besonderes leisten zu müssen, mache
ich die Nacht durch.

Ich sitze am Feuer und kümmere mich
um es. Ich will es klein und lebendig
halten, weil ich nur wenig Holz habe.

Die Nacht vergeht
und ich sehe keinen Anlass zur großen
Tat
in der Dunkelheit.

Ich halte das Feuer an
zu sein.

Und die Sonne geht auf, ohne dass ich
etwas dafür tun konnte.

Dann kamen die Tage,
an denen der Himmel sich nicht bezog,
und ich beinahe verbrannte.

Langsam konzentriere ich mich
in dieser Hitze auf das Nichts.
Und doch muss ich kaufen, um zu essen.
Auch bin ich neugierig, wie ich geworden bin.
Ich gehe ins Dorf Westward Ho!,
den ganzen kilometerlangen Strand entlang.
Die ersten Menschen kommen mir entgegen,
Meine Schritte schleifen im Sand,
wie ein Charleston-Becken.
Weit weg rollt die See.
So heiß ist es jeden Tag.
Ich kaufe in den Westward-Stores, was ich
brauche,
diszipliniere mich unaufhörlich,
nicht abgelenkt werden,
aus der Tiefe hervortauchen zu müssen,
zur unüberlegten, unerfahrenen Tat.
Und doch erwischt es mich,
als ich das Mädchen sehe in dem Laden,
sie ist so jung wie ich heute,
unschuldig denke ich,
und will sie:
das heißt berühren, tun und lassen ohne Verstand.
Ich werde von Sinnen.
Ich bin verliebt.
Weil sie arbeitet, kann ich sie nicht ansprechen.
Schon beinahe aus Trost lasse ich mir den Luxus
zu, Eis zu kaufen.

Ich stelle mich an, muss warten,
und da erscheint die nächste Versuchung,
sie ist schön wie ein Junge, rothaarig,
und durch ihren zweiteiligen Strandanzug
schimmern die schönsten Brüste der Welt.
Ich will, ich will, ich will.
Da ist die Mauer zwischen uns,
ich kann nicht näher kommen,
ich verzweifel,
bin unglücklich, schiele.
Besoffen kehre ich zurück
zu meinem Schlafsack,
bin alle,
nur nicht sie.

Am 6. August endet mein Urlaub. Hilfe.

Es wird heißer und heißer.
Die Luft lädt sich auf.
Ich finde die Landschaft nicht mehr.
Ich singe ein Lied.
Say good bye.
Und bin schon so fertig,
dass ich mir einen Sonnenschutz aus dem Poncho
baue,
im Liegen Gitarre spiele, faul werde
und das alles auch noch richtig finde.

Da sehe ich unter dem Rand des Ponchos
vier Füße gezielt auf mich lossteuern.
Es beginnt etwa in Englisch:
Ein Bulldoggengesicht, ein Mensch mit Strichmund
und Pförtnermütze,
Das Amt fragt: Was machst Du hier?
Ich spiele Gitarre.
Es ist verboten hier zu lagern.
Wer sagt das?
Das Gesetz.
Wessen Gesetz?
Da kommt der andere hervor, jung und schneidig:
Wir beobachten Sie schon seit Sonntag.
Und was haben Sie damit zu tun? frage ich ihn.
Ich repräsentiere die Gesellschaft „Der Londoner".
Uns gehört das ganze Land hier.
Die armen Engländer, sage ich.
Wir sind keine Engländer, lächelt er, wir sind
Schotten.
Heute Abend müssen Sie Ihren Lagerplatz
verlassen haben. Ja oder Nein?

Ich habe verstanden, was Sie gesagt haben,
antworte ich verbissen, Sie werden sehen, was ich
tue.
Die gehen, die beiden.
Ein schweres Zeichen zum Aufbruch.
War sowieso schon zu lange hier.
Ich packe und gehe
ganz nahe an die zurückgezogene See.
Da schreit von hinten ein Polizist.
Ich soll zu ihm kommen.
Ich bleibe stehen, er muss kommen.
Die Besitzer haben ihn alarmiert.
Er ist auf ihrer Seite.
Ich muss alle meine Sachen zeigen, alle.
Ich packe aus.
Bei dieser Tätigkeit kann ich sehen,
was ich getan habe.
Freiwillig hätte ich es früher getan.
Er sucht Rauschgift,
obwohl er selber nichts benutzt,
wie er mir auf meine Fragen versichert.
Ich sage ihm immer wieder auf den Kopf zu,
er sei süchtig, so sucht er.
Gefunden habe ich schottische Bonbons,
selbst schon vergessen und Waschpulver, kein
Heroin.
Er fragt mich aus,
ich sage ihm die Wahrheit.
Wir einigen uns am Schluss
ganz ausdrücklich
dass der „Daily Mirror" eine Droge
und nicht mitzumachen ist.

Zum Schluss geht er,
ich stehe allein auf dem Watt,
alle Sachen verstreut,
schäle eine Apfelsine
und vergrabe die Schale im Sand.

Der Anfang
Bewegung ist gut für mich.
Schritte stärken mein Selbstbewusstsein.
Rhythmus meine Tiefe.

Ich gehe an der Küste entlang.
ein Wanderweg führt nach Westen: Westward Ho!
Ich bin.

Ich steige über Zäune,
rieche Gras
bergauf,
bergab,
immer dicht am steilen Ufer,
tief unten die See.

Der Wanderweg endet hier.
Ich bin jetzt selbstverantwortlich.
Ich muss kämpfen,
und irgendwann wird es so steil,
dass ich nicht mehr durchkomme.
Der Fluss hat sich ein Bett durch den Felsen
hinunter in die See gegraben.

Ich versuche den Abstieg.
Ich komme nicht weit, zu steil, suche woanders.
Dornen und dichte Hecken hindern mich.
Als Blut fließt, lasse ich nach, geh flussaufwärts.
Ein Blick auf die Karte, ich muss.
Hier wird es milder, das Land.
Die Sonne wird getrübt vom Dunst,
auf den Feldern suche ich einen Platz zum Ruhen.
Eine Schafherde folgt mir, alle,
und wenn ich stehen bleibe, bleiben sie auch
stehen.
Hoffentlich ist kein Bock dabei, die werden
eifersüchtig, weiß ich.

Nochmal über einen Zaun,
dreimal habe ich mich heute überwunden,
und an der Spitze einer tiefen Wiese,
den Blick auf die untergehende Sonne,
ganz weit noch das Meer,
schlaf ich ein.

Aufwachen tue ich,
als die Schafe, die um mich herumstehen,
zu laut werden. Sie konnten mir folgen
Ich steh auf und gehe weiter. Essen will ich später.
Vielleicht habe ich noch einen Kaffee getrunken,
aber erstmal die Nacht zu Ende machen.
Es geht über Felder, und wenn die Kuhweiden
kommen,
suche ich immer erst nach Bullen, die sind ja so.
Ich werde nach Bude gehen, wie mir der Junge
gesagt hat.
Und so habe ich ein Ziel.

Als mir der Duft einer frisch gemähten Wiese
in die Nase steigt, mache ich Halt und frühstücke.
Ich kreuze die Hauptstraße, gehe zurück auf die
Feldwege.

Es ist es still hier, die Bienen summen.
Ich gehe quer, steige über Zäune,
finde unter schattigen Bäumen einen Fluss,
wo auch die Kühe trinken und wasche mich nackt.
Und wieder hoch in die Hügel,
mit Aussicht über das ganze Land, Dorf, Tal.
In zwei Tagen kann ich es bis Bude schaffen.
Ganz normal.
Und nun besser auf den Wegen.
Hier weht kein Wind.
Hier gehe ich durch ein Dorf.
Kaum jemand ist zu sehen. Heiß.
Wegweiser dort, wo ich hin will.
Meine Schritte werden härter, steiler.
Ich will schaffen.
Und nun bin ich drauf.
Warum aufhören.
Bis zum Mittag bin ich fertig.

Ein Lastwagenfahrer gibt mir Zeichen:
Pause, ich soll trinken.

Die Sonne bricht mich auf
Ich schwitze in Strömen,
über eine Hecke kletter ich, sitze unter einem
Baum
und atme
au

Die Kühe auf der Weide
kommen zu mir und stellen sich um mich herum,
beäugen und beriechen mich ganz nah.
Nur melken darf ich sie nicht, obwohl ihre Euter
voll sind.
Bald sind es zwanzig, dreißig,
alle wollen was sehen.
Ich mach weiter,
will es heute noch bis Bradworthy schaffen.

Da Bradworthy, noch 5 Meilen und eine Meile
später,
da; Bradworthy 5 Meilen.
Auf diese Nachricht muss ich erstmal frisches
Wasser holen.
Bradworthy erreiche ich viel zu früh am Tag,
setz mich in ein Dorfkaffee,
die Wirtin ist Berlinerin,
ich brauche nicht zu bezahlen.
Wir sprechen viel über das Wetter.
Ich bleibe im Englischen, ihr Mann ist dabei,
der versteht sonst nichts.

Er schickt mich weiter an einen Fluss,
zum Liegen und zum Schlafen, der ist noch weit,
ich bin völlig wund an den Füßen,
der Fluss ist mit Anglern verseucht,
ich komme nicht weiter, verirre mich
und halte erst als, ich wieder Wasser sehe.
Ein Bach an den Wiesen,
wir sind allein,
ich kann nicht mehr
und sinke noch vor der Sonne
in den Schlaf.

Dort stehe ich wieder auf,
wasche mich, raste lange,
es tut so weh und muss dann doch los
Die Hitze ist schon groß,
ich bin schwach,
aber stark

Die Straßen werden breiter,
ich kann wieder sehen, wo ich bin.
Und neben mir entdeckte ich
einen Milchladen.
Es gibt Obst, Äpfel zu kaufen.
Ich kaufe.
Als ich die Milch entdecke,
bin ich gerettet.
Ich kaufe zwei Pinch voll.
Der Milchmann versteht mein Ich.
Schon als ich in den Laden komme,
fragt er in einer fremden; unverständlichen
Sprache
nach meinem Namen. Ich antworte nicht.
Wir sprechen miteinander:
Die Milch ist billig in England
Das eine Pfund ist großes Geld.
Und die Milch ist ein so gutes Getränk.
Als ich aus dem Laden trete,
fühle ich mich tief berührt,
muss weinen, dass ich werde
wie ein Milchmann.
Dann kommen die Gerüche
aus dem Feld, aus der Hecke,
trösten mich,
Farben, die verehren mich,
und das ganze Land ist bei mir
in meinem nassen Gesicht.

Ich muss weinen,
kann alles laufen lassen
niemand, der mir sagt; warum.
Ich gehe weiter,
trinke noch nicht,
erst dort hinten, wo die hohen Bäume stehen,
dort ist Schatten,
wieder kommen die Tränen,
wenn ich daran denke, wie es war.
Die Gräser an der Seite streicheln die Gitarre
Ich lass sie klingen, Töne
ganz einfach.

Dann kletter ich hoch oben auf einen Knick,
im Schatten des Baumes liege ich,
schau über das Land und trinke
Milch.

Und nochmal wird es anstrengend.
Die Farben sehe ich so tief,
dass ich Angst habe, sie zu verlieren.
Stratton erreich ich am späten Nachmittag.

Und abends erreiche ich Bude.

Wie betäubt sitz ich am Strand
erstmal
und kann nichts tun.
Ich bin durch die Stadt gegangen,
der Lärm
ist unerträglich.
Und als ich nicht weiß,
was soll ich tun,
höre ich die deutsche Stimme:
„Und den letzten Schritt mit Schwung!",
sodass ich mich aufraffen kann,
um etwas zum Schlafen zu finden.

Lange gehe ich am Strand entlang.
Hohe Felsen mit tiefen steinigen Buchten
machten Bude zu Bude.
Ich gehe, bis ich keinen mehr sehe
und ziehe mich in eine Bucht zurück.
Alles tut weh,
jeder Schritt, jede Bewegung, meine Füße!

Das Wasser kommt.
Plötzlich bin ich abgeschnitten
die Felsen beinahe senkrecht über mir,
vor mir die See.
Ich muss wissen, wie hoch die Flut kommt.
Ich untersuche den Boden, sie kam schon höher.
Es wird dunkel, ich mache Feuer.
Als die Steine in der Hitze platzen und springen
muss ich es löschen.
Ich darf nicht einschlafen.
Die Flut steigt.
Ich kenne meinen Fluchtweg in die Höhe
muss ihn aber nicht nutzen.

Um Mitternacht darf ich einschlafen.

Verstehst du
ich verstehe

Da wach ich auf in Bude,
morgens zwischen den Steinen
unter dem Himmel,
die Bucht im Schatten hoher Felsen.
Das Wasser steht noch hoch jetzt.
dass ich die Bucht nur verlassen kann,
um zu klettern.

Ich kletter durch die gefallenen Steine.
Sie sind so groß, dass sie Tonnen wiegen,
keiner ist gleich, wir alle sind anders.
Und so komm ich an gefährliche Stellen,
springe und sehe die ersten Menschen an diesem
Morgen.
Angler.

In der Stadt.

Wie wenig ich sehen darf,
um mich zu kennen.
Ein alter Mann sammelt für die Krebsforschung
Er zeigt mir den Weg zur Bank.
Ich gebe ihm gegen zwei Pence für die Forschung,
er klebt mir eine blaue Marke auf die grüne Jacke
Ich bin in
Bude.

cMir wird ganz anders.
Ich bin Sein.
Ich.
Sofern die Wahrheit lügt.
Es gibt keine.
So schaff ich mir Reue.
Halts Maul
A men.

Kopfschuß

Heut seh ich die Schönheit selbst.
Ein junges Mädchen,
ich bin sofort weg.
Sehe und will
nichts anderes mehr.
Ihr Körper ist ohne Makel.
Ich werde blind.
Ich bleibe stehen.
Sie folgt mir.
Geht an mir vorbei.
Spielen möchte ich
nicht mit ihr.
Für meinen Kopf besitzen.
So sein,
sie sein,
eins mit ihr,
alles andere ist verloren.
Die Alte, alte Angst.
Der Spiegel im Kopf.
Ich lechze.
Ich laufe.
Es ist alles so einfach,
nun bin nicht gelähmt.
Ich packe zusammen.
Ich male die Jugendsünde.
Ich stehe auf.
Jungens werfen böse
Steine auf die Felsen.
Ich will Niemanden sehen, nur sie.
It´s a lie.
Dead.
Dad.

Das ist der Abend vor meiner
Abfahrt nach Berlin.
Ich steige hoch auf die Steilküste,
werde dort schlafen.
Ich sitze auf einer Bank,
der letzte Sonnenuntergang
und warte auf die Dunkelheit.
Man darf hier nicht schlafen.

Und dann folge ich meinen Gedanken, wie sie
kommen,
stehe auf und gehe willenlos, abwartend
in die Richtung der steilen Wand hinunter zum
Meer.
Kein Gefühl für das, was richtig ist.
Nur so.
Wenn ich weitergehe, werde ich sterben.

Ich selbst muss eingreifen,
mich vor dem Absturz zu retten.
Die alte Lust hilft nicht mehr.
Und so nehm ich meinen Willen in die Hand
und halte inne.

Weitab von meinem verirrten Gefühl
kehr ich um und trage meinen Schlafsack
in das Land hinein.
Dort schlafe ich später ein.
Ruhig.

Ich wache auf lange, bevor die Sonne aufgeht.
Alle Farben herrschen Blau,
köstliche Röte scheint am Morgen.
Ich möchte mich noch einmal umdrehen,
weiterschlafen.

Plötzlich muss ich aufstehen, um den Bus zu erreichen. Langsam gehe ich hinunter in die Stadt, durstig und hungrig.

Ein Milchwagen, ein Auto, hält nicht weit von mir, wartet, solange bis ich ankomme. Ich kann mir Milch kaufen.

Erst an der Busstation öffne ich die Flasche und trinke sie mit zwei Zügen leer. Hier sitzen schon Menschen mit Koffern, neuartig. Ich stimme die Gitarre und singe leise:

I went up in the morning

I went up in the morning
when the sun comes out
looking for my baby
try to find her cloud

It´s still the morning time
still the morning time

Walking through my hometown
when the crap ist real
looking for my own fault
try to find a meal

It´s still the morning time
still the morning time

I went up in the morning
when the sun comes out
looking for one good man
I know ist´s not allowed

It´s still the morning time
still the morning time

Der Bus hält vor
meinen Füßen
Wir alle steigen ein,
warten nicht lange, fahren bald los.
Die Sonne geht auf,
einmal hinter dem Haus,
dann aus der Stadt hinaus,
wieder hinter einem Hügel,
um noch einmal sinkt sie hinter die Bäume
scheint durch,
geht auf,
endgültig fast.

Die Luft ist rein,
ganz ruhig ist es im Bus
und ich erkenne den Weg, den ich gelaufen bin.
Jetzt fahre ich die Meter wie Kilometer,
das ist etwas ganz anderes,
das hat damit überhaupt nichts tun.
Ich sitze im Bus.

Dann auf die große Straße,
Autoschlangen, es ist Sonnabend morgen.
Wir fahren nach Exeter.
Der Zug in Exeter fährt gleich los.
Nach London.
Die ganze Strecke zurück.
Ich werde traurig, wehmütig,
eingesperrt,
Zwang und Zeit,
was kann ich schaffen,
ich fürchte mich.

Am frühen Nachmittag erreiche ich London-
Paddington
Und wieder haste ich beinahe durch die Stadt
ich will sie gar nicht sehen
und wer mein Gepäck klauen will,
kriegt eins auf die Nase.

In London kaufe ich die letzte Packung ALPEN bei
Woolworth. Unrasiert, tief getroffen und
abgeschirmt
wie ein Weltmeister von Spannung und Erreichtem,
stehe ich mit dem mitten im Laden,
der so aussieht wie unser Laden
und packe ALPEN in meinem Rucksack.

Einem dicken Mann fällt Geld runter,
ich kann ihm nicht helfen.
Und die Waren berühren mich nicht,
aber es wird schwierig werden.
Die Underground wird ein Abenteuer
von Stockwerk zu Stockwerk
durch Wendeltreppen und Klinkerstein.
Ich kann es nicht fassen, es werben so viele,
meine Gunst ist teuer?

Eindruck.
Ein Druck.
Man kann verstehen,
wenn gleich die Welt explodiert.
Victoria Station.

Am Nachmittag lande ich in Dover. Unheimlich
voll.
Einer spricht mit mir.
Er hat mich gesehen in Exeter.
Mit Sarah Wonder,
wie wir spielten und die Kirche überall Wache
stand.
Wir bleiben lange zusammen.

Die Unmöglichkeit zu wollen
lässt mich hoffen
es zu tun.
So.

Selbst Gott kommt vor.
Allein
er ist.

Auf dem Schiff
nach Ostende
irre ich umher
und finde mich wieder
auf dem hinteren Deck
in der Sonne,
im scharfen Wind,
sitzend auf Holz
und mache mir was zu Essen
ALPEN.
Ganz ruhig,
weil ich weiß,
wie es geht.

Schon nachts bin ich auf dem Kontinent
suche die Jugendherberge,
kann mich waschen,
habe ein Bett,
ein Zimmer für mich allein.

6 Uhr.
Aufstehen.
Rumsitzen.
Alles ist still.
Waschen.

Ein Krampf schon?
Große Dusche.
Die ersten freundlichen Worte.
Packen.
Luft holen.
Frühstück.
Kaffee Instant mit viel Milch.
Marmelade.
Brot.

Neben mir sitzt ein süchtiger Mensch.
Er zittert stark, wankt auf seinem Stuhl,
kann die Pillen, die er fortwährend schluckt,
kaum in seiner Hand behalten.
Er ist gebrochen, zerstört, schwer.
Er berührt mich.
Ich werde krank.
Kurzes Frühstück.
Bob Dylan singt aus dem Lautsprecher.

Ich verlasse die Herberge,
gehe runter zum Strand von Ostende,
begrüße die Möwen, die Sonne und mich,
laufe ein paar Kilometer zum Bahnhof.
Als ich die letzten Schritte im Sand mache,
auf die Mole steige,
weiß ich,
nun geht diese Reise zu Ende.

Ich erreiche den Zug nach Berlin,
eine Minute vor der Abfahrt.

Deutschland, Schwarzbrot.

LAVA. Tears are going home.

Psycho-Musik in Berlin.

Zum ersten Mal sah ich diese Menschengruppe im Forum Theater am Berliner Kudamm – Angeführt von einem langhaarigen schwarzbärtigen Mimen, seinen starken Augen, umgeben von drei, vier Menschen und einer Frau, deren Lächeln ein auffällig großes und gesundes Gebiss freilegte.

Später dann fragte mich George aus unserer Wohngruppe, ob ich mitkommen wolle auf ein kleines Theaterfest, bestimmt interessant. Dort trafen sich einige alternative Berliner Theaterleute und Eva, die gerade aus Graz in Berlin aufgeschlagen war. Eva wurde bald auch meine Freundin. Sie erzählte mir, dass sie Leute kenne, die Musiker suchten. Diese Leute waren im Wesentlichen Thomas, der Schwarzhaarige und sein Freund Stefan nicht minder schwarzhaarig, aber im Wesen wesentlich jünger. Dazu noch Pfote, ein Bruder Stefans und nun auch ich.

Aus dieser Gruppierung entwickelte sich eine Art Freundschaft, die vor allem von dem überbordenden Selbstbewusstsein von Thomas geprägt war. Ohne seine Zweifel war er der klügste gerade lebende Mensch, der wie ein Guru Menschen um sich versammelte, die mit ihm einer Meinung waren. Nicht nur wir Jungs waren zeitweise seiner Meinung, mehr aber noch die Frauen. Allen gemeinsam war eine Lebensgeschichte, die von schwachen oder nicht vorhandenen Vätern geprägt war.

Und entstand ein Leben und Zusammenleben um die autoritären, zum Teil auch wissensbasierten Weisheits-Anfällen des Thomas, der in uns willige Helfer fand, sein Selbstbewusstsein zu füttern. Ich selbst hatte das Glück, noch andere Freunde zu haben, die mit ihrer Lebensphilosophie ein gutes Gegengewicht zu dieser hohen psychischen Inanspruchnahme bildeten.

Im Mittelpunkt aber stand das Musikmachen, geführt von den Schauspielern Thomas und Stefan – zeitweise Musikerdarsteller, zeitweise sehr kreative Musiker. Nach einigen Wochen gemeinsamer Musiker-Arbeit ohne großartige Konzepte, ohne großartige Lieder, aber großartigen Improvisationsorgien gelangt es uns, unter der Mithilfe des Pianisten Alexander Schlippenbach, in einem Kellerstudio Demos aufzunehmen. Diese sogenannten Orgelbänder, unter tätiger Mithilfe von einigen rauschhaften Drogen entstanden, wurden dann genutzt, um in Hamburg einen Plattenvertrag zu ergattern.

Dieser Plattenvertrag beinhaltete einen einwöchigen Studioaufenthalt bei dem Produzenten Conny Planck, damals, ohne dass wir es wussten, ein großer Name in der progressiven Musikszene Deutschlands.

Diese Platte nun: Lava, Tears are going home, war nicht nur der Beginn einer beispiellosen Weltkarriere, wie wir selbstverständlich annahmen, sondern ist heute noch ein viel gelobtes Element der Krautrock-Welle – und auf YouTube gut anzuhören.

Zu unserer Gruppe stieß dann noch Didi als Gitarrist

und Bassist dazu, auch ein Bruder von Stephan, ein ordentlicher, vernünftig denkender Mensch, dem unser Lebensstil doch einige Rätsel aufgab. Ich selbst spielte Gitarre, ein bisschen Bass, ein bisschen Flöte, ein bisschen Klavier, ein bisschen Stimme, von allem ein bisschen, das aber gut. Und so konnte ich doch einen wesentlichen Beitrag leisten, was etwas verwunderlich war, denn ich fühlte mich in dieser Lebenssituation eigentlich immer etwas unwohl, empfand aber die Musik sehr, sehr gut und wichtig, so dass mein persönliches Wohlbefinden mal zurückstecken musste.

Natürlich mussten wir auch hier und da ein Konzert veranstalten, aber unter dem Strich waren das mehr oder weniger gute Ereignisse, und der Welterfolg ließ auf sich warten. Aber: Wir hatten eine Platte und die wurde richtig gut.

Thomas verstand sich nicht nur als Guru, sondern auch als gewaltbereites Arschloch, dem sich ein Mann zu fügen und eine Frau zur Verfügung zu stellen hatte. All dies große Selbstbewusstsein, verbunden mit eisernem Willen – später las ich, wie Psychopathen ihre Umgebung manipulieren, überzeugen und ausnutzen können. Er war so einer.

Seine feste Freundin war extrem abhängig von ihm, aber nahm sich alle Freiheiten und sie ließ sich auch gelegentlich mit dem Schlagzeuger ein. Dieser entblödete sich nicht. bei einem Kneipenbesuch von ihren extremen Qualitäten im Bett zu schwärmen, was Thomas veranlasste, dem Schlagzeuger eine Schlägerei anzubieten. Der ließ sich gerne von der heißen Atmosphäre anstecken. Alle gingen raus, ich hatte nicht vor, diese Situation mit meiner

Gegenwart zu veredeln und blieb sitzen. Draußen dann vermöbelte Thomas den Schlagzeuger dermaßen, dass ich ihn danach nie wieder gesehen habe. So zertrümmert man eine Band. Schade schade, ich hatte mich gut mit Archer verstanden.

Begleitet wurde diese wilde Zeit regelmäßig von Marihuana und LSD. Letzteres habe ich dann im Übermaß genießen können, solange bis es mir nichts mehr gab. Ein Schaden habe ich nicht behalten, irgendwann war es einfach genug.

Während ich mich den bewusstseinserweiternden Drogen widmete, gingen Thomas und weitere Freunde von ihm den härteren Weg: Heroin war das Thema. Das wollte ich auf keinen Fall, auf gar keinen Fall. Denn ich hatte mit Heroin-Junkies zusammengelebt, eine reine Katastrophe.

Die psychische Abhängigkeit von dem Guru Thomas löste ich dann mit einem Satz. LSD-geschwängert klapperten wir Berliner Kneipen ab.

> *Später am Abend hatte ich mit Thomas eine heftige Auseinandersetzung, an deren Ende mich eine Vision überwältigte: Thomas kippte plötzlich mit einem fürchterlichen Schrei nach hinten weg und verschwand in der Tiefe des Orkus – er war wie in die Hölle gefahren. (Und so geschah es dann auch.) Ich sagte nur: Thomas, ich kann Dir nicht helfen. Das war der Schlüsselsatz, mich von dieser unsäglichen Verbindung zu lösen und mich aus dieser ungesunden Welt zu entfernen.*

Irgendwann, bei einem weiteren Streit auf einer Probe, packte ich meine Sachen und ließ mich kommentarlos dort nie wieder sehen.

Thomas wurde nach einer ärztlichen Untersuchung ein Pankreas-Krebs diagnostiziert und damit ein überaus kurzes Restleben. Er lag noch einige Zeit im Krankenhaus und in seiner Wohnung, umgeben von diesmal anderen Freunden, die ihn angemessen bewunderten. Ich besuchte ihn noch ein, zweimal, bis er darum bat von meiner Gegenwart verschont zu werden. Ein Wunsch, den ich ihm gern erfüllte.

Zum letzten Mal sah ich ihn auf seiner Beerdigung, der erste Tote in meinem Leben.

Später dann hörte ich, dass seine Freundin, die mit den großen Zähnen, den Tod ihres Thomas nie verwinden konnte und nach dem drogenbedingten Verlust ihrer eindrucksvollen Zähne sich selbst im Meer ertränkte.

Tears are goin home.

Freaks in Marokko

<u>Oder: Wie ich gesalbt wurde.</u>

Es war eben eine richtig freakige Aktion, die uns allerdings erstmals in ferne Welten führen sollte. Noch nie war ich außerhalb Europas gewesen – ein Fakt, der unbedingt und gleich verändert werden sollte.

Ja, lass uns nach Marokko fahren, ein paar von uns, schon einmal da gewesen, kannten da jemanden. Also sammelten wir all unser Geld zusammen und ab ging es in zwei Autos und acht Leuten Richtung Süden. Mich, ja mich, hatte man auserwählt, diese Fahrt als Finanzminister zu überwachen. Ich war natürlich nach wenigen Metern völlig überfordert, sodass uns schon in Spanien das Geld ausging. Das war natürlich anders gedacht, aber Regina kannte eine Tante in Malaga. Und die sollte uns den Rest dieser schönen Fahrt finanzieren. Leider war die Tante nicht da. Was uns nicht daran hinderte weiter, weiter zu fahren nach Süden, nach Süden.

Unterwegs schliefen wir mal draußen, mal drinnen, oder auf der Gepäckablage des VW 412, auf der ich auch den Auffahrunfall überlebte, den sich unsere Fahrerin lcistete.

Kaum waren wir auf afrikanischem Boden beugte ich mich, ohne den Boden mit den Füßen zu berühren, aus der Seitentür und küsste das afrikanische Festland – ein Symbol für meine Verehrung des mir völlig fremden, sagenhaften Kontinents.

Das Verlassen des Zollbezirkes konnte nur durch eine etwas unübersichtliche Bestechungsaktion realisiert werden. Aha, so ticken die hier. Und dann weiter, erst nach Süden und dann in Richtung Osten, es gibt eine Straße, die kann man auf jeder Karte sehen, sie führt quer durch die Berge. Auf dieser bleiben wir dann ziemlich lange, bis wir noch einmal abbogen, um in einem Dorf anzukommen, das unseren Mitfahrern schon bekannt war.

Arabisch, afrikanisch, fremdländisch – so begrüßte man uns – und taktloserweise schwenkten unsere Mitfahrer eine Flasche Whisky zur Begrüßung – was für eine Peinlichkeit für mich, der eigentlich in Unschuld leben wollte, um das ganze Leben genießen zu können.
Abends saßen wir dann mit vielen Männern zusammen, rauchten, rauchten und das nicht zu knapp. Plötzlich wurden wir dann aufgefordert in einer Hütte zu schlafen. Leider ohne jegliche Decke und das in völliger Dunkelheit, sodass ich nicht nur fror, sondern mich auch etwas fürchtete vor dem, was da nicht geschah.

Morgens dann verkrümelte sich die Gruppe, ich war allein und so nahm ich meinen Gitarrenkoffer und setzte mich ab in die bergige Landschaft, die schön fruchtbar lockte. So saß ich dann auf einer Anhöhe, schaute in das Dorf und spielte Gitarre.

Da kam das Mädchen auf mich zu, vielleicht 13, 14 Jahre alt. Neugierig schaute sie mir zu, kam näher und setzte sich zu mir. Mein Gitarrenkoffer war geöffnet und heraus schauten viele, viele Saiten, die zwar schon gebraucht, aber vielleicht auch notwendig waren. Das Mädchen griff sich eine Saite, guckte mich an und sagte: Kado?

Ich verstand sie nicht. Was für ein Wort? Ihr Name? Was wollte sie von mir? Aber ich nickte erstmal und so steckte sie die zusammengerollte Saite in ihren Rock. Und dann begann ein reges Verhandeln bei dem heraus kam, dass sie selbst Gitarre spielte, aber kaum Saiten bekam in ihrer dörflichen Einsamkeit. Und so schwatzte sie mir eine Saite nach der anderen ab, immer mit der Frage Kado? Kado?

Erst viel, viel später begriff ich, dass dieses Wort ein französisches war: Cadeux, das Geschenk. Seht Ihr, ich habe nichts verstanden und doch bin ich ganz gut klargekommen.

Aber auch sie hatte ein Geschenk für mich: Mit schwarzer Erde und einem Stift bemalte sie mein Gesicht. So entstand eine Fülle von Linien, Figuren und Bildern – ich fühlte mich gesalbt. Lange dauerte dieser schöne Moment.

Nachdem sie ihr Werk vollendet hatte, nahm sie die geschenkten Saiten an sich und verschwand. Ich war auf meine Auszeichnung, wie sie sich im Gesicht zeigte, stolz und lief ungewaschen den ganzen Tag im Dorf herum. Und kann mich nicht erinnern, dass mich jemals einer nach diesem Mal gefragt hat, nur ich wusste, um was es geht.

Am nächsten Tag kam der Dorfvorsteher zu mir. Es war seine Tochter gewesen, mit der ich in den Bergen zusammen gewesen war. Er lud mich ein, auf sein Moped (Pferd) aufzusteigen, er wollte mich etwas durch die Gegend fahren. Und dann begann eine Fahrt, an die ich mich noch heute erinnere, so schnell, so hart und rücksichtslos – aber ich war immer entspannt. Wir haben uns gut verstanden auf dem Moped.

Nachdem er mich so geprüft hatte, ließ er mich absteigen und schenkte mir einen LSD-Trip.

Ich hatte natürlich nichts Besseres zu tun, als nach diesen Erlebnissen mir das gute Ding reinzupfeifen und saß dann an dem Tag noch stundenlang bei den Frauen, die den Ofen in der Mitte des Dorfes mit Brotlaiben fütterten. Und wenn ich dann in die Ferne schaute, und sah, wie ein Bauernpaar hinter einem Ochsen das Feld pflügte, dann war ich im 16. Jahrhundert, wenn nicht früher, angekommen.

Taktloserweise wollten nun meine Mitreisenden weiterfahren. Ich weigerte mich, weil ich diesen Trip erst noch bis zu Ende auskosten wollte. So blieben wir noch einen Tag, um dann in Richtung Marrakesch und Casablanca weiterzufahren. Nun war das Geld endgültig am Ende und so gingen wir zur Botschaft und ließen uns die Rückfahrt von dort finanzieren. Nach Norden übers Mittelmeer nach Madrid – jeweils immer zur Hauptstadt eines Landes, um dann schrittweise nach Hause zu kommen. Deutschland hat es bezahlt.

Vieles von dieser Reise ist mir nicht mehr in Erinnerung geblieben, allenfalls mein nächtlicher Schlaf auf einem dunklen Parkplatz in Madrid, während vor meinem Fenster sich ein junger Mann einen runterholte. Ich war nicht interessiert.

Irgendwann, Jahre später, kam noch eine Rechnung von der Botschaft. Wir haben sie ignoriert.

Mann, waren das Zeiten.

Kommune Berlin

„Wer sich daran erinnert, war nicht dabei." :-)

Okay, man kann sagen: 1968, das war das Gute gegen das Böse: Wohngemeinschaft, kommunemäßig, Musik machen, Gelegenheitsjobs, ab und zu etwas texten – so verging die 68er Zeit auf einer kulturellen Basis, die wir uns selbst schaffen wollten.

> *„...Leben in selbst organisierten politischen und persönlichen Zusammenhängen bis hin zu Kommunen, die Kreation neuer Kunst- und Musikformen, die Nutzung neuer sexueller Freiräume oder die Ablehnung des offiziell geförderten Kulturbetriebs und des Konsumdenkens....", so schreiben die Fachleute.*

Wir: Weg von dem autoritären Gehabe, weg von der Vergangenheit (ich habe meinen Vater hinsichtlich Krieg nie zur Rede gestellt, „Gar nicht ignorieren", wie der Berliner sagt), einfach weg von der bürgerlichen autoritär, rang-gesteuerten Normalität.

Der erste Berlin-Kontakt: Im Protest gegen die USA-Kriegspolitik fuhren wir Kieler zum 1968 zum Internationale Vietnamkongress in der Technischen Universität. Zum Abschluss gingen dann im Februar 1968 mindestens 15.000 Menschen auf die Straße, und jeder sah, wie viele wir geworden waren.

So entwickelten sich Ende der 6oiger zwei Milieus: Zum einen die soziologisch orientierte Berliner Polit-Szene, in der sich all die Klugen versammelten. Die, die zum einen immer Recht und Abitur hatten und zum anderen autoritären Strukturen nachhingen – eine Szene, die sich an Vorbildern wie Mao, Stalin und der DDR orientierte. Polit-Gruppen, die alle anderen Gruppierungen konsequent ausschlossen.

Und genau das war es, was wir nicht mehr wollten. Wir wollten gut leben, neue Erfahrungen machen, Bewusstsein erweitern, eine andere Lebenspraxis suchen, konsequente Gegenwartsorientierung und Zukunfts-Ignoranz miteinander verbinden.

Für mich war das ungemein praktische Ende der Sechzigerjahre in Berlin, dass ich nicht nur mein Studium beenden, sondern auch als Texter immer ein bisschen Geld verdienen konnte. Das versetzte mich in die Lage, eine Wohnung zu mieten – ein richtiges schönes Fünfzimmerteil, in dem ich die nächsten Jahre leben wollte und sollte. Allerdings nicht allein. Denn eine fünf Zimmerwohnungen bietet genug Platz für mindestens fünf Leute und ihre Gäste – und schon waren wir eine Wohngemeinschaft, eine Kommune. All das gehörte, wie die langen Haare, eben auch zum guten Ton dieser Berliner Gegenwart.

Nicht viel später überredete ich meinen Schwager und später auch meine Schwester mit ihrem Sohn, mir zu folgen, nach Berlin zu kommen, dort Musik zu machen, dort ein Leben zu führen, wie wir es uns immer vorgestellt hatten.

Einen Kater hatten wir auch. Ich nannte ihn Horst. Er liebte es sich auf den Rücken zu legen und sich kraulen zu lassen und zwischendurch zu kämpfen.

Nach einiger Zeit vertrug sich dieses Leben kaum noch mit meiner Arbeit in der kleinen Werbeagentur. Zum einen wurde das Thema Werbung in der alternativen Szene komplett abgelehnt – Verführung zum Konsum war einfach nicht akzeptabel. Zudem wandte man sich kräftig bewusstseinsfördernden Substanzen zu. Vor allem Haschisch war das Thema – und ergänzend dazu LSD und Meskalin.

Die Gäste, die mit härteren Dingen wie Heroin umgingen, machten auf mich einen völlig desolaten, ja kaputten Eindruck und quatschten einem dann noch das Gehirn raus – das alles kam für mich auf keinen Fall infrage.

Allerdings, das Rauchen von Haschisch und Gras machte mir im Gegensatz zu allen anderen keinen richtigen Spaß und beanspruchte meine Psyche ziemlich stark – aber das gemeinsame Leben, Erleben und Rauchen war für mich wichtiger. Ich machte also einfach mit, auch wenn es mir nicht besonders gut ging dabei.

Viel besser ging es mir mit der schönen Droge LSD. Durch sie gelang es mir, mich glücklich von meiner klebrigen Vergangenheit zu lösen, ein solides Selbstbewusstsein zu entdecken und dies nie wieder loszulassen. Kann ich nur empfehlen. LSD bekommt vielleicht nicht jedem gut, sollte aber zur Grundausstattung jeder Küche gehören, die mehr als nur eine eindimensionale Realität akzeptiert.

Im Mittelpunkt dieses Zusammenlebens stand bei uns das Musikmachen. Dies mit dem Ziel, sich mit dem zwangsläufig ergebenden Welterfolg sein Leben per Musik zu finanzieren. Also gründeten wir die Band Music Transmission. Im Zentrum George, Tommy und ich. George, als gelernter Bassist, spielte eine extrem tief gestimmte Gitarre, Tommy ein komplexes Schlagzeug und ich als ungelernter Gitarrist Gitarre.

Als es darum ging, mich aus der eigentlich unmöglichen Werbeszene endgültig zu verabschieden, funktionierte die kleine Agentur auch mit meiner Hilfe schon ganz gut. Und Hans, der Initiator, besaß einen schönen BMW 501, diesen legendären Barockengel, ein berühmtes Auto der Oberklasse. Für meine gute Arbeit in der Agentur erbat ich mir dieses Auto als Abschiedsgeschenk. Hans willigt ein.

Aber nur wenige Monate später war das Leben des dicken BMWs zu Ende. Ich tauschte es gegen 400 LSD Trips, mit denen wir handeln wollten. Der Käufer schaffte es mit diesem Fahrzeug zwei Kilometer heil durch Berlins Straßen, um es dann gegen einen Baum zu setzen. Ich habe nie wieder etwas von ihm gehört.

Natürlich brauchten wir für eine professionelle Karriere auch professionelles Equipment. Dieses besorgten wir uns mit geliehenem Geld und mit

Leasingverträgen, die einem einen veritablen Marshall-Turm für nur 50,- DM monatlich zur Verfügung stellten.

Große Pläne begleiteten diese Phase, aber der Musikverlag, dem wir unsere Aufnahmen präsentierten, kommentierte das Ganze mit wenigen Worten: Üben, üben, üben. Aber wir wollten nicht üben, wir wollten nur spielen – auch ein Konzept. Leider verließ uns unser Schlagzeuger für eine andere Band, die deutlich besser war als wir und damit war auch unser experimentelles Konzept infrage gestellt, wir haben es nie wieder beleben können.

Übungsort war eine echt großer Raum im Osten Westberlins, in dem wir auch mit anderen Bands unsere Anlage aufbewahrten.

> *Das musikalische Konzept war so einfach wie unmöglich: Wir hatten keine Stücke, wir hatten keine Lieder, wir hatten nur uns. Experimentalmusik aus dem Stand, kein Gesang. Als wir mit Gastmusikern Blues spielen sollten, konnte ich das nicht. Die haben nur gelacht. Aber wir waren Avantgarde.*

Nachdem wir einige Wochen Musikpause gemacht hatten, um dann wieder weiterzumachen, mussten wir feststellen, dass unsere beiden schönen Verstärkertürme einfach geklaut waren. Guter Rat war billig. Die Sachen waren zwar versichert, aber unsere Gleichgültigkeit gegenüber möglichen

Dieben war kaum versicherungspflichtig. So bauten wir in der kleinen Halle einen Verschlag aus Holz, versperrten diesen mit einem dicken Schloss und brachen das Ganze gewaltsam auf. Nun war es ein Einbruch – versicherungspflichtig. Man sieht, wir 68er waren nicht nur schlauer, sondern auch recht tolerant gegenüber Recht und Gesetz.

Polizisten sauer statt Flower Power

Ganz klar, die Berliner mochten uns nicht. Und die Polizei mochte uns noch weniger.

Wir, die Langhaarigen, Besserwisser, Bessergestellten, Nichtberliner, die sich mit Demonstrationen Platz und Aufmerksamkeit verschafften, lautstark, unverschämt. Manche Demonstration habe ich mitgemacht, Ho-Chi-Min-Chöre mit meiner Trillerpfeife begleitet – ein Aufbrechen auf einem Weg, von dem man nicht wusste, wo er hinführen würde.

Polizei 1: Die hauen mich

-
Nach einer schönen Demo nahm ich am Bahnhof Zoo meine rote Fahne und schwenkte sie taktgerecht hinter einer Blasmusikgruppe, die genau das blies, wogegen wir alle waren. Das war doch wohl zu viel und man begann mich zu jagen, wollte mich einfach nur verhauen. Ich lief und lief und plötzlich fand ich mich auf der Erde wieder, von Polizisten brutal zu Boden geworfen, die ganz eindeutig nicht auf meiner Seite waren.

Mit zwei Mann hielten sie mich eisern fest und schleppten mich in einen Hausflur – im ersten Stock war das Polizeirevier vom Bahnhof Zoo. Auf der Treppe haben sie mich noch ordentlich geboxt, nahezu geprügelt, mich dann verhört und dann entlassen. So war die Stimmung in der Zeit, in der ich meine Haare hab lang wachsen lassen.

Polizei 2: Die überfallen uns

Eine kleine Straße am Berliner Theodor Heuss-Platz, eine durchaus bessere Wohngegend. Im Parterre dieses Mehrfamilienhauses gab es eine Wohnung, die in der Regel von Linken bewohnt wurde, auch Rudi Dutschke gehörte zum Beispiel dazu. (Nicht dass ich mit Rudi Dutschke persönlich bekannt war, aber die Szene.) Und auch ich wohnte dort Ende der sechziger Jahre. Wir wohnten da zu viert, Besucher gingen ein und aus. Und auch die eiserne D. war gelegentlich dort zu Gast. Sie gehörte zu den Gründungsmitgliedern der Kommune 1, hatte also einiges zu denken und zu sagen. Ganz früh am Morgen legte sie sich unvermittelt zu mir in mein Bett und wir verbrachten eine schöne Zeit miteinander.

So befreundeten wir uns an und trafen uns regelmäßig. Nur einmal nahm sie mich mit zu ihren linken Freunden, die sich allerdings sehr distanziert verhielten – ich war nicht genehm. Ich glaube, sie gehörten der richtig harten linken Fraktion an, die sich nicht gerade durch Kommunikationsfreude auszeichnete. Ok, war ja auch nicht meine Welt.

Dann verloren D. und ich uns etwas aus den Augen. Ein paar Monate später besuchte ich sie, sie war nicht zu Hause, so steckte ich ihr eine Nachricht mit meiner Telefonnummer in den Briefkasten. Und dann ging es los. Am frühen Morgen um sechs wurde unsere Wohngemeinschaft gewaltsam aufgeweckt, eine ganze Horde schwer bewaffneter Polizisten stürmte die Wohnung mit erhobenen Maschinenpistolen. Es war die Zeit der RAF-Phobie, in der alle, die nicht normal erschienen, bestimmt zu den Gewalttätern der linken Fraktion gezählt wurden. Und damit auch D. und damit auch ich, der seine Adresse bei ihr gelassen hatte. Ich wurde sofort verhört, aber es war mir nicht irgendetwas nachzuweisen, was diesen Überfall hätte nachträglich legitimieren können.

Polizei 3: Die verhören mich

Immer mal wieder fuhr ich von Berlin in meine alte Heimat Kiel. Dort besuchte ich meine Mutter und ein paar Freunde. Und dann passierte es: In einer Kieler Kneipe wurde mein Ausweis aus der Jacke gestohlen. Und chaotisch wie ich war, erzählte ich das nur meiner Mutter und kümmerte mich nicht weiter um das Detail.

Das Problem war nur, dass in dieser Zeit die RAF ein hochaktuelles Thema war. Diese Schwestern und Brüder benutzten nun meinen Ausweis, der dann irgendwann beim Verfassungsschutz landete. Name und Adresse waren ohne Zweifel meine. So machten sich Späher auf den Weg, mich einzuvernehmen, zu verhaften und was weiß ich noch. Ich hörte davon und versteckte mich erst mal ein paar Tage bei meiner Freundin.

Aber dann stellte ich mich doch der Gerechtigkeit und wurde intensiv befragt. Denn ich gehörte fürsie ohne Zweifel zum Unterstützerkreis der RAF. In einer klassischen Guter-Bulle-Schlechter-Bulle-

Konstellation verhörten mich dann zwei Verfassungsschützer. Ich aber hatte nichts zu verbergen. Ob mein ungeliebter Vater, selbst ein recht hohes Tier beim Verfassungsschutz, davon gehört hat, weiß ich nicht.

Und zu guter Letzt veranstalteten die guten Leute noch eine Hausdurchsuchung bei meiner Mutter, die mit einem sehr korrekten Ex-Frontoffizier wiederverheiratet war. Was für eine Demütigung für ihn: Hausdurchsuchung!!!. Aber meine Mutter rettete mich. Sie erinnerte sich, dass ich ihr von dem Ausweisdiebstahl erzählt hatte. Und so kam ich dann mit zwei blauen Augen aus der Sache raus. Mein schwer geprüfter Stiefvater hat mich darauf nie angesprochen, was sie ihm hoch anrechnete.

Polizei 4: Die verfolgen uns

Gras oder auch Marihuana gehörten Anfang der 70er zu den Selbstverständlichkeiten. Der einzige Nachteil: das Zeug war zwar unschädlich, aber verboten. Und so war auch der Handel verboten. Um doch noch zu einem Joint am Abend zu kommen, suchten wir einen nahezu öffentlichen Treffpunkt, wo gehandelt wurde. Leider wurde dieser Treffpunkt von der Polizei observiert. Wir machten unser Geschäft und wussten plötzlich, dass wir verfolgt wurden. Polizei. Unser Gras warfen wir in einem Papiertaschentuch aus dem Fenster.

Wenige Meter später wurden wir gestoppt, quasi verhaftet und in ein Polizeirevier gebracht, das mit Zellen ausgestattet war. So verbrachten wir die halbe Nacht in den Zellen, während S. mit lauten orientalischen Gesängen uns die Zeit verkürzte. Die Polizisten hatten zunächst die Strecke abgesucht und das Papiertaschentuch gefunden. Zu ihrem Bedauern konnte sie uns den Besitz nicht nachweisen. Entlassung.

Polizei 5: Die irren sich

Obwohl es mir fern lag, mit Gras zu handeln, lag irgendwann eine Aldi Tüte mit 400 g Gras bei mir in der Wohnung. Zu meiner Überraschung war ich polizeilich aber einmal so aufgefallen, dass man mich an einem Tag überfallartig, besuchte mit der fadenscheinigen Begründung: Gefahr im Verzug. Es war natürlich völliger Blödsinn, aber eine beliebte Ausrede für die Polizei, das zu tun, was sie gerne mochten.

Ja, und dann standen sie, drei Leute in meiner Wohnung, verdächtigten mich, Haschisch in der Wohnung zu haben und durchsuchten meine Zimmer auf äußerst rücksichtslose Art. Alles durcheinanderwerfen, Bücher aus den Regalen reißen und, und, und. Wie im Kino. Von Unschuldsvermutung natürlich keine Spur. Aber sie fanden nur meine Graspfeife, nahmen sie mit und verließen irgendwann frustriert meine Wohnung. Ich durfte dann alles wieder aufräumen. Nur eines hatten die Polizisten übersehen: die Aldi-Tüte mit 400 g Gras. Sie lag auf meinem Tisch, völlig offen, unbemerkt und unauffällig.

Ein Monat später bekam ich mit der Post meine Pfeife zurück mit dem Polizei-Kommentar: keinerlei Bestandteile einer verbotenen Substanz. Das machte mich jetzt doch nachdenklich. Denn mit genau dieser Pfeife hatte ich mich aus dem 400 g-Grasvorrat bedient, hatte geraucht – und nun keinerlei Bestandteile?? Das, was bei mir auf dem Tisch lag, war ein Gras-Fake, völlig wirkungslos, nur teuer.

Dieses Erlebnis war für mich ein Anlass meine beruflichen Perspektiven noch einmal zu überdenken. Als Dealer muss man damit rechnen, betrogen zu werden. Und, wenn mich ein Lieferant mit einer Pistole bedrohen würde, um einfach nur mein Geld abzuziehen? Dann, so meine Logik, könnte ich mich nur selbst mit einer Pistole schützen.

Hallo, dachte ich, Jürgen, du mit Pistole? Auf keinen Fall. Niemals. So nahm ich von der Karriere als Dealer endgültig Abstand.

Die Frau meines Lebens.

Aber wirklich

Es hatte schon etwas Schicksalhaftes an sich: völlig fertig von meiner Liaison mit der schwarzen Alexa wollte ich nur noch raus aus Berlin, weg, weg, weg. Und traf die Frau meines Lebens.

Vergebens telefonierte ich in völliger Verwirrung, irgendwo einen Anschluss zu finden, bis mir ein lieber Freund anbot, mit ihm nach Westdeutschland zu kommen, dort wo er in einer WG wohnte.

Es war schneebedeckter Winter, und auf der Fahrt übers Land wurde mir deutlich, dass ich wohl schon seit zwei Jahren keine Landschaft mehr außer Gebäudelandschaften gesehen hatte.

Als wir ankamen quartierte mich H. in seinem Zimmer ein und zu unserer Überraschung hörten wir aus dem Stockwerk über uns eindeutig rhythmische Geräusche exakt des Bettes, das er mit seiner Freundin teilte. Eine heikle Situation. Sie lag gerade fremd.

Am nächsten Tag dann begleitete er mich zu einer anderen Wohngemeinschaft. Alles ländlich, recht sittlich, zwei Anwohner, dazu ein Mini-Guru, der seine Weisheiten ungefragt in der abendlichen Küche verbreitete.

Auch dabei ein blondes Mädchen, exakt ein Mädchen, wie ich es mir an meiner Seite immer vorgestellt hatte. Sie selbst schien auch nicht uninteressiert, versuchte sie doch einen Kaffee zu bereiten, ohne ihn zu verschütten – vergeblich.

Und schon hatten wir eine lebhafte Diskussion in der Richtung: dem Guru hat noch keine Frau einen Orgasmus vorspielen können. Ich dagegen stellte die kühne These auf, dass Männer sowieso immer einen Orgasmus bekommen können, es also ihre Pflicht sei, auf den der Partnerin zu warten. Punkt. Das stieß bei den anwesenden Frauen natürlich auf uneingeschränkte Zustimmung.

> *Spät abends dann zurück und am nächsten Tag ein sensationeller Spaziergang: Der Schnee zentimeterhoch, die Tannenzweige schwer belastet von der Schneedecke, ein ganzer Wald voller Tannen, alles weiß – eine Postkartenidylle, wie ich sie nur aus meiner Kindheit kannte.*

Vergeblich hoffte ich, dass mich die schöne Blonde vielleicht besuchen könnte, aber erst am folgenden Tag, kam sie zu uns, machte Kaffee und dann saßen wir beide zusammen – und waren uns schon einig. Ich lag auf dem Bett, sie legte ihren Kopf auf meinen Bauch, wir küssten uns und dann begann eine wildes Geknutsche (nein, anders kann man das wirklich nicht nennen), das wir nur gelegentlich unterbrachen, indem sie aufs Klo ging, vorbei an H. und seiner untreuen Freundin, zwei Welten trafen sich.

Einen Tag später schon konnte ich bei Michaela einfach einziehen. Ihr Zimmer in dieser

Wohngemeinschaft war einfach perfekt. Natürlich kein Luxus, aber alles an seinem Platz, dort wo es hingehörte. Ich fühlte mich sofort zu Hause, obwohl sie selbst erst wenige Wochen vorher aus Mannheim nach Idensen geflüchtet war. Geflüchtet aus einer engen Umgebung in Deidesheim, geflüchtet aus einer Vergangenheit, in der ihre Mutter sie übelst verlassen hatte, ihr Vater sie übelst verprügelt hatte, geflüchtet aus einer Beziehung, die keine Zukunft hatte. Und nun in eine völlig neue unbekannte Umgebung.

Und ich war wohl genau der Richtige für Sie: groß, blond, lange Haare, Nazi-Ledermantel, ein Freak, wie er im Buche steht.

> *Michaela hatte eine Vergangenheit, die ich niemandem wünsche. Ein Vater, der sie jedes Wochenende windelweich prügelte, nicht ohne vorher klassische Musik lautstark aufzudrehen. Auf ihrer Flucht vor diesem Verbrecher kam sie bei ihrer Mutter an, die ihr nicht einmal die Tür öffnete. Und dies mit 16 Jahren. Was für ein Elend.*

Wir selbst liebten uns wieder und wieder und sie vertraute mir sogar ihr Motorrad an, eine schwere alte BMW R25, bestes Motorrad der Welt natürlich, auf dem wir über Land flogen. Sie hatte auch ein Auto, eine 2CV-Ente – bestes Auto von Welt natürlich. Und so vergingen ein paar Tage in Liebe und verliebt sein, aber ich musste wieder zurück nach Berlin, um mich beim Arbeitsamt zu melden.

Es dauert nur wenige Tage, dass Michaela mich in Berlin überraschend besuchte, ohne große Anmeldung – ein Telefon besaß ich nicht.

Irgendwann dann schlummerten wir fest – und es klopfte ans Fenster. Meine unglückselige Freundin A. bat um Einlass. Ich musste sie wegschicken.

Ich hatte in Berlin kein besonders stabiles Umfeld. So entschloss ich mich, zu Michaela zu ziehen, nach Idensen aufs Land und irgendwie dort meine Brötchen zu verdienen – aber auf keinen Fall mit Werbung, das war damals noch tabu. So zog ich zu Michaela nach Idensen, zu Ulli dem Hausbesitzer, zu seiner Freundin und zu viert wohnten wir dort dann viele Monate.

> *Natürlich mussten wir auch Geld verdienen, da bot es sich an, im Torf zu arbeiten. Das heißt viele Kilos nassschwere Torfballen so zu stapeln, dass sie trocknen konnten. Eine Akkordarbeit, die einem nach wenigen Stunden das Rückgrat brach.*

Michaela hatte damals noch einen guten Job in einer Druckerei, den sie dann aufgab, nur um mit mir zusammen im Torf zu arbeiten.

So fuhren wir mit dem Motorrad morgens in den Torf, taten, was wir konnten und genossen einen Stundenlohn von effektiv 4 Mark. Der Trick bei dieser Angelegenheit war, dass man in den Wintermonaten, wenn es gefroren war, problemlos Arbeitslosengeld beziehen konnte – ohne von dem

Arbeitsamt weiter behelligt zu werden, um dann im Frühjahr wieder in den Torf zu gehen. Ein gutes Konzept, nur leider forderte mich das Arbeitsamt auf, im Winter als Lagerhelfer zu arbeiten. So war ich dann konsequent ganz unten angekommen, nur die Liebe machte das alles erträglich.

Leider zerstritten wir uns mit Uli, dem Vermieter. Wir sollten ausziehen. Dann wurde aufgrund alter Schulden mein Verdienst auch noch gepfändet. Das zwang uns zu neuen Überlegungen: Was tun? Wohin? Es tat sich die Chance auf, in Berlin als freier Mitarbeiter einer Werbeagentur etwas Geld zu verdienen, vielleicht genug, um dort eine Wohnung zu mieten und dort zu leben.

> *Damit war sie vorbei, die schöne*
> *Zeit auf dem Land, die Stadt*
> *Berlin verschluckte uns. Wir*
> *wohnten in der Feurigstraße*
> *gleich gegenüber der Ausfahrt*
> *der Feuerwehr Tatütata, tagsüber*
> *als Rennstrecke neben der*
> *Hauptstraße genutzt.*

Michaelas Hund, eine recht scharfe Schäferhündin, die Michaela einmal zugelaufen war, wurde schwanger und 11 kleine Boxer-Schäferhund Mischlinge forderten die ganze Aufmerksamkeit.

Eine Texterkarriere

<u>In die Pflicht genommen</u>

Schon während des Studiums in Berlin an dieser wunderbaren Akademie für Grafik, Druck und Werbung wurde mir klar, dass ich Texter werden würde und sonst nichts.

Und so wurde ich von meinem Studienfreund, dem etwas spröden D. im letzten Semester aufgefordert mit ihm in einer Mini-Agentur zu arbeiten. Hab ich gemacht und mit Erfolg. Und so hatte ich nach der Beendigung des Studiums kein Problem, etwas Geld zu verdienen. In der Agentur mit D.

Das allerdings kollidierte mit meinem Trend, nicht zu texten, viel Freizeit zu haben, viel zu kiffen, viel Musik zu machen und das mit Leuten, die auch keine Lust auf regelmäßige Arbeit hatten. Zudem war es 68er Zeit – für einen Texter eigentlich die falsche Zeit, denn politisch machte man so was einfach nicht.

Weil ich mit meinem Abschluss den unbeschränkten Zugang zu einer Hochschule bekam, versuchte ich es mit einem Soziologie- und Psychologiestudium. Denn mein Leben ohne Abitur lag mir immer etwas schwer auf der Seele.

So schrieb ich mich an der TU ein, nur um mir zu beweisen, dass ich genauso klug war, wie die Leute, die ich immer als viel klüger erlebte. Allerdings beendete ich dieses Studium nach dem Besuch der ersten Vorlesung. Denn, die bewies mir, dass ich das für mich wichtige Wissen, schon auf der Akademie von nicht minder klugen Professoren vermittelt bekommen hatte. Und eine Wissenschaftslaufbahn kam für mich überhaupt nicht infrage.

Also entschloss ich mich, lieber als Texter zu arbeiten, und mir ein schönes Leben zu machen. Dann kamen die LSD-Trips dazu und ich hörte mit der Lohnschreiberei erst mal ganz auf.

Ich verließ die kleine Agentur unter Mitnahme eines wunderbaren BMWs 501, ja dem Barockengel. Den fuhr ich einige Zeit, bis ich ihn gegen 400 LSD-Trips eintauschte, die ich und meine Freunde zum großen Teil selbst nahmen. Verständlich, dass eine Texterei damit nicht zu vereinbaren war. Nun, der BMW machte es dann auch nicht mehr lange, denn schon nach 10 km fuhr ihn der Käufer gegen einen Baum – Totalschaden. Traurig, aber wahr.

Ja und dann war erst mal ganz Schluss mit Werbung – das Freak-Dasein fand ich wesentlich spannender und sinnvoller. Ganz nebenbei löste ich auch meine Verbindung zu meiner Mutterfamilie und tauchte erst mal unter. Allerdings sammelten sich aufgrund einer leichtsinnigen Lebenseinstellung im Laufe der nächsten Jahre einige Schulden an, zu viele, um bewältigbar zu sein.

Bis ich dann Michaela kennenlernte, die Frau meines Lebens. Mit ihr an meiner Seite lebten wir als arme Torfarbeiter auf dem Lande, bis mir der Gerichtsvollzieher den letzten Pfennig noch aus den

Rippen leierte. Ein neuer Plan musste her, wir wollten Kinder haben, ein Haus kaufen und Familie machen. Dazu mussten erstmal die Schulden weg.

Ich wollte sie dann stilvoll abarbeiten, wo ich sie gemacht hatte: in Berlin. Oh Wunder: Mein alter Freund D. bot mir freie Texterarbeit in einer Agentur an, in der er als Geschäftsführer arbeitete, so dass zumindestens das Basisgeld einigermaßen sicher war.

Also ab nach Berlin, eine kleine Ladenwohnung in einer viel befahrenen Straße gemietet und nach acht werbelosen Jahren ging es morgens um sechs sofort los. Als wenn nichts gewesen wäre, schrieb ich sofort los, gleich ein paar anständige Marken in der Mangel.

Und es dauerte auch nicht allzu lange, dass der fest angestellte Texter der Agentur kündigte – den Job bekam ich. Und unter Bedingungen, von denen heutige Texter noch nicht einmal zu träumen wagen. Denn für knappe 4000,- DM im Monat musste ich nur den Job erfüllen. Und durfte gehen, wenn ich fertig war mit der Arbeit.

Die gefrusteten Grafiker durften dann bis spät am Abend das umsetzen, was ich ihnen vorschrieb. Meist nachmittags um drei holte mich Michaela mit unserem Auto ab – Feierabend. Das ging so lange gut, bis diese Agentur pleite machte und mir mein letztes Gehalt auch vorenthielt. Ja Scheiße, Scheiße.

Bei einem anschließenden Bewerbungsgespräch wurde ich gefragt, warum ich lange Haare trüge.

Aus Tradition antwortete ich und war auch schon wieder draußen. Aber bei der nächsten Agentur klappte es schon und ich hatte ein halbes Jahr gut zu tun, schrieb gute Texte und vertrug mich leider nicht mit der Führungsriege. Mit den Schulden war es dann bald geklärt und Michaela und ich entschlossen uns, nach Westdeutschland zu ziehen, irgendwo zwischen Hamburg, Bremen und Hannover zu leben, Familie zu machen und gutes Geld zu verdienen.

Gesagt getan – nach einigen Monaten der Suche fanden wir unser Häuschen mit ein paar 1000 m² drumherum in B. Von da aus ging es dann in einer einstündigen Fahrt nach Hamburg zwecks Bewerbungsgesprächen. Es dauerte nicht allzu lang, dass ich in einer properen Zwanzigfraumann-Agentur eingestellt wurde. Das ist genau die richtige Größe, in der man noch auf Blickkontakt miteinander arbeiten kann. Es gab nur einen Nachteil: Meine kleine Texterstüble war nur in tief gebücktem Zustand zu betreten, der Raum war einfach zu niedrig für ein aufrecht stehendes Texterwesen wie mich. Das stellte sich aber erst heraus, als ich den Vertrag schon unterschrieben hatte. Egal.

Als der Kreativdirektor Urlaub machte, saß ich plötzlich auf seinem Stuhl. Wunderbar. Ich entdeckte seine HiFi-Anlage und legte erst mal gute Musik auf: Whiter Shade of Pale von Procul Harum tönte es lautstark durch die Agentur: Jürgen Ist da.

In der Agentur trieb ich mich dann so an die zwei Jahre rum und war glücklich. Bis auch hier die Geschäftsleitung wechselte und ich mich an dem unverschämten Wesen des neuen Geschäftsführers reiben durfte. Was natürlich keinen Spaß machte. Und ein Texter, der keinen Spaß hat, macht auch den Kunden keinen Spaß. Ich kündigte.

Die nächste Agentur war ähnlich klein oder groß, aber ich war schon Copy-Chief, wie man es so schön nennt. Hier fühlte ich mich äußerst wohl. Denn ich hatte einen ähnlich gut ausgestatteten Arbeitsvertrag: Monatsgehalt 5000,- für drei Tage Arbeit in der Woche, den Rest konnte ich als Textfreelancer frei gestalten.

Dazu muss man wissen, zu einer Gestaltungsgruppe in einer Werbeagentur gehören drei Leute: der Grafiker, der Texter und der Kontakter. Die wuppen alle Aufgaben eines und mehrerer Kunden. In dieser Agentur gab es zwei Gruppen, aber beide mussten nach einiger Zeit von einem einzigen Texter bedient werden. Das war ich. Und das in drei Tagen. Du kannst dir vorstellen, dass ich mich nie gelangweilt hab – immer volle Kanne texten, Kundenmeetings mitmachen, Geschäftsführer bespaßen und frei arbeiten.

Oft genug wurde ich schon beim Hereinkommen von den Kontaktern abgefangen, mal sofort dieses und jenes und alles auf einmal zu schreiben. Das ging so weit, dass ich einen Teil meiner Texte direkt in die Maschine einer mir äußerst wohlgesonnenen Sekretärin diktierte. Geile Zeit. Und erfolgreich. Bis auch diese Agentur aufgrund eines Todesfalls das Zeitliche segnete.

Nun war freie Arbeit angesagt. Hunderte von Jobs kleine, große. Ein Star war ich in der Unterhaltungselektronik. Das Bremer Unternehmen Nordmende suchte einen Texter für einen kleinen Prospekt-Job. Ich bewarb mich, schlug ein und wurde dann mit der gesamten Textarbeit betraut. Und innerhalb weniger Jahre habe ich für Nordmende, Telefunken, Saba, Thomson, B&O ja eigentlich für alle geschrieben und zeitweise für drei gleichzeitig, die alle mit verschiedenen Stilistiken von mir gern und ausführlich bedient wurden.

Kleine Story zwischendurch: Bei einem Bewerbungsgespräch bei Sony zeigt mir der Kreativchef den neuen Telefunken-Prospekt: „Das ist der beste Prospekt, den ich je gesehen habe." „Ja", sagte ich, „der ist von mir."

Und dann kam die Steigerung, eine Nummer größer. Eine 500-Frau/Mann Agentur in Hamburg buchte mich – und dann immer wieder. War schon ein Ereignis für mich. Bis dann ein Anruf aus dem Nichts kam, von einer anderen dicken Hamburger Agentur, ob ich vielleicht Creative-Direktor werden möchte. Wollte ich. Das war in der Zeit als die kleinen Würfel-Macs gerade modern waren und ich mir für 8000,- DM ein komplettes System mit Nadeldrucker angeschafft hatte. In dieser Agentur bekam ich einen Halbtagsvertrag, um auch meine freien Kunden bedienen zu können.

Beim Einstellungsgespräch sagte mir der Supersuper-Kreativdirektor, er würde nächste Woche in den Urlaub fahren und ich müsste seinen

Job so lange machen. Und plötzlich war ich der Oberkreative in einer sehr angesagten Agentur.

Zum Ausweis meiner Kompetenz schleppte ich nun jeden Tag meinen Computer mit ins Geschäftsführerbüro und schrieb dort Texte & Konzepte. Und ich konnte zu jedem Job in dieser Agentur meinen Senf dazu geben. Das war natürlich schon ein gutes Stück Karriere. Und wenn ich ordentlich Gas gegeben hätte, hätte ich den Job meines Vorgesetzten auch bekommen. Aber ich bin ein freiheitsliebender Mensch und ein wichtiges Rädchen in einer großen Maschine zu sein, liegt mir nicht.

Irgendwann dann wurde ich aufgrund von Sparmaßnahmen doch freigestellt und konnte auf der Freelancer-Ersatzbank weitermachen.

Es kam wieder eine Zeit der freien Arbeiten – zum Beispiel sechs Wochen im Stück, um eine überlastete Texterin von einem zu anspruchsvollen Neukunden zu befreien. Auch nicht schlecht und gut bezahlt.

Oder 10 Jahre lang für einen führenden Agenturdienstleister: Prospekte und Texte für das komplette internationale Druckgeschäft. Und als Bonbon dazu jedes Jahr ein kostbares kleines Buch, in dem ich den Jahrgangswein des Unternehmens für seine Kunden in einer schönen Story vorstellen durfte.

Dann eine Arbeit mit einer freien Grafikerin für eine der berühmtesten Hamburger Agenturen. Ein ganz normaler Prospekt, der aber die Aufmerksamkeit des noch berühmteren Geschäftsführers erregte: Wer hat das geschrieben? Und so bekam ich eine Einladung zu einem Einstellungsgespräch und bekam einen Halbtagsvertrag für 6000,- DM monatlich.

Tolle Agentur, tolles Geld, leider war ich nur halbtags präsent und bekam keine richtige Verbindung zu den wichtigen Leuten dort. Aber ich machte gute Arbeit, nur einmal nicht – mit dem Ergebnis, dass ein Geschäftsführer nachts meine Texte korrigieren musste.

Am nächsten Tag hieß es dann, ich solle mal zum Chef kommen. Der machte mir dann deutlich, dass das wohl ein Fehler gewesen war gestern, und sie würden jetzt ohne mich weiter machen und ich solle nach Hause gehen. Aua.

Und immer weiter dann, das freie Texterleben. Gute Arbeit, wenig Arbeit, gar keine Arbeit, zu viel Arbeit und das hört nie auf.

Ohne Hose

Har, har.

Das Schöne an dem Beruf eines Freelancers ist, dass man nur gebucht wird, wenn man den Menschen sympathisch ist. Andernfalls wirst du nicht gebucht – egal, wie gut du bist. So einfach scheint das.

Also wartet man mehr oder weniger ungeduldig, mehr oder weniger beschäftigt auf den Anruf eines Kunden, der es trotz aller kulturellen Differenzen noch mit einem zu tun haben will. Ohne Hose anzukommen, war also tabu. Aber trotzdem...

Der Anruf kam an einem Tag, in dem brüllendste Hitze, der blaueste Himmel und sattestes Grün die Welt verschönerten. So entschloss ich mich, für meine Fahrt nach Bremen die korrekten schwarzen Jeans einfach noch nicht anzuziehen, sondern mich in Unterhose halbnackt dem frischen Fahrtwind auszusetzen: Alle Fenster runter, Schiebedach auf – und ab dafür.

In Bremen angekommen, wollte ich nun meine Hosen anziehen, aber die, auweia, hatte ich in der Eile zu Hause gelassen. Allein der wunderbare Feinripp schützte mein Untenrum vor völliger Freiheit. Oder auf Deutsch gesagt: Ich hatte nur eine Unterhose an. Tschä. Ein solcher Aufzug würde in der etwas besseren Agentur, die mich erwartete, kaum goutiert werden.

So setzte ich dann an zu einem Frontalangriff und

parkte vor einem der guten Bekleidungsgeschäfte in Bremen. Mit nackten Beinen, aber in eleganten Schuhen und korrekter Unterhose erst über den Bürgersteig – oha, peinlich, peinlich – rein in den Laden. Dort begrüßte ich die irritierten Verkäuferinnen und bat mit verführerischen Lächeln um eine preiswerte Hose – ganz offensichtlich ein Notfall. So wurde ich sehr schnell bedient, schneller als je zuvor.

Und seitdem besitze ich diese dreiviertellange, gut sitzende Sommerhose, die mir heute noch in heißen Tagen wertvolle Dienste leistet.

Berlin, da war Musik drin.

Die Band „Sodom" und ich

Ja, da waren wir nun in Berlin angekommen, Micha und ich. Direkt vom Lande, direkt über die Autobahn in eine verseuchte Stadt, direkt in eine Ladenwohnung.

Diese hatten wir uns an einem schönen, ruhigen Wochenende angeschaut und kurzerhand gemietet. Das hätten wir vielleicht besser an einem Wochentag gemacht, dann wäre deutlich geworden, dass schräg gegenüber die Feuerwehr ihren Platz hatte und beim Herausfahren direkt vor unserer Wohnung mit ihren großflächigen Fensterscheiben ihr Horn ertönen ließ. Nicht zu vergessen die alltags nun hochbelebte Straße, die als Parallelstraße zur Hauptstraße (in der in dieser Zeit David Bowie, praktisch als unser Nachbar, wohnte) als schnelle Nebenstrecke diente. Auch interessant, die Passanten, die immer mal wieder mit plattgedrückter Nase in unsere Wohnung rein schauten, nur um mal zu sehen, wer da wohl drin wohnt. Laut und deutlich war das Leben dieser Wohnung, die nun ein, zwei Jahre unser Zuhause werden sollte.

Lässig an der Ladentür lehnte ich, um einen Blick auf das Leben, das an mir vorbeirauschte, zu werfen. So lange, bis ein Langhaariger einen Instrumentenverstärker an mir vorbei schleppte. Wird es ohne mich gehen, fragte ich, denn ein Musiker lässt ein anderen Musiker nicht so ohne weiteres an sich vorbeiziehen. Und so wurde ich dann auch gleich aufgefordert mitzukommen, um oben in einer Wohnung einer kleinen Jam-Session beizuwohnen – ein Schlagzeuger wurde ausprobiert. Dieser war nun grottenschlecht, aber ich hatte plötzlich Kontakt zu einer Band, die es noch nicht gab.

Aber „Sodom" sollte es bald geben, denn da waren Kini (der als betrunkener Schlagzeuger gelegentlich auch einmal vom Stuhl fiel), Bernd (der starke Bassist und Mittelpunkt), Ulli (der tolle Sänger, der die Gesangsanlage auch für Pudelwettbewerbe missbrauchte), Norbert (der Gitarrist den eine Querschnittslähmung zeitweise völlig außer Gefecht setzte) und ich (auch Gitarrist, und gerne auch mal Komponist und Sänger).

Und dazu auch immer unsere Frauen die sich den Freitagslärm und richtig gute Musik gerne anhörten. Jeden Freitag in einem Keller, eine harmonische und gelegentlich harte Band, die genug Material und Motivation hatte, sich das Leben in der Großstadt ein gutes Stück schöner zu machen. Viele Stücke stammten von Michaela und mir. Und es wurde so lange gespielt, geübt und gesoffen bis daraus eine Platte wurde. Diese wurde dankenswerterweise vom Vater Staat finanziert und von uns in einem Studio realisiert. Titel: „Guten Morgen". Unter *Sodom Hier und heute und Sodom Mensch, Mensch* könnt ihr euch mal zwei Stücke auf YouTube anhören Heute noch akzeptabel modern, nach 40 Jahren.

All dies hatte sein Ende als Michaela und ich uns entschlossen wieder aufs Land zu ziehen, raus aus der Stadt, ein Haus kaufen, Kinder machen und ich als freier Texter Geld verdienen. Schade, dass diese Zeit zu Ende gehen musste.

Was ich noch nicht erzählt habe, war die Geschichte von der Silvesterfeier. Denn neben uns in Nachbarkeller lagerte eine ganze Horde Kisten mit Feuerwerkskörpern. Zur Feier des Jahreswechsels nahm sich jeder eine unter dem Arm und verarbeitete sie draußen auf dem Hof. Ein unglaubliches Geknalle und Geheule, bis eine Rakete, die sich aus einem Karton zwischen meinen Beinen unvermittelt entzündete und zischend in den Himmel verschwand, nicht ohne meine Hose ganz in der Nähe meiner kostbaren Eier zu verbrennen.

Mensch, Mensch

Mensch, Mensch, ey, hier geht's lang,
mach es dir selbst besser,
dann wird Dir nicht bang
Und kommt es ganz anders,
dann wirst Du versteh'n,
dort, wo es hingeht, das hast Du geseh'n.

Belogen wird der lügt, betrogen wird der trügt,
Wird gut gemacht vom guten Mann,
Mensch, schau Dir deine Arbeit an.

Mensch, Mensch, ey hier geht's lang,
von hinten, von vorn, dir wird nicht bang.
Eins machst du selbst, das and're wird klar,
Ein Mensch steht alleine eh wunderbar.

Belogen wird der lügt, betrogen wird der trügt,
Wird gut gemacht vom guten Mann,
Mensch, schau dir deine Arbeit an.

Mensch, Mensch, ey hier geht's lang,
Mal drunter, mal drüber, dir wird auch mal bang.
Natürlich willst du leben, sei kein Idiot,
Das Beste musst du geben,
Du gibst es in der Not.

Mensch, Mensch, Mensch, Mensch, Mensch,
Mensch

Belogen wird der lügt,
betrogen wird der trügt,
Das alles machst du nicht mehr mit, Mensch
Mensch, Mensch, nun liebe dich

Der Untergang

Vom Binnenschiff überfahren

Sag nicht, Rudern sei eine gemütliche Sache. Nein, nein, von einem Binnenschiff überfahren zu werden ist ziemlich ungemütlich. Grusel dich mal wieder und grins dir einen...

Ich traf in Berlin einen alten Freund, Mitglied im Berliner Ruderclub. Er lud mich zu einer Fahrt im Zweier ohne Steuermann ein. Das machte ich gerne – es war ein schöner Tag und die Reviere in Berlin sind einzigartig schön. Allerdings werden sie nicht nur von Seglern und Ruderern, sondern auch von Binnenschiffern mit ihren riesigen Pötten befahren.

Und so ruderten wir und ruderten und ruderten und irgendwann drehte ich mich mal um, um zu schauen, wo es hingeht. Und sah vor mir in vielleicht 20 m Entfernung ein Binnenschiff, das direkt auf uns zufuhr, in voller Geschwindigkeit und praktisch lautlos. Ich schrie und schrie, keine Reaktion, versuchte das Boot links am Schiff vorbeizusteuern. Mein Freund versuchte rechts am Schiff vorbeizusteuern und schon lagen wir quer und das Binnenschiff fuhr direkt über das Boot. Wir beide retteten uns per Kopfsprung. Als ich wieder auftauchte, sah ich nur, wie der Käptn uns einen Rettungsring vom vorbeifahrenden Schiff über Bord warf und „Ihr Arschlöcher..." rief.

Von meinem Freund war nichts zu sehen. Und so wartete ich eine gefühlte Stunde bis das Schiff an mir vorbeigefahren war – und sah ihn dann auf der anderen Seite schwimmen. Zunächst hatte er beim Auftauchen nur den Boden des Schiffes über sich und musste dann zur Seite fliehen, um nicht von der Schraube in Scheiben geschnitten zu werden. Ein Segler rettete uns.

Aber halt, die Geschichte ist noch nicht ganz zu Ende. Jahre später saß ich mit einem Werbekunden in einem Restaurant am Plöner See, schaute sinnig in die untergehende Sonne, bewunderte die schnellen Ruderboote, die am Kai vorbeizogen, und erzählte dem Kunden von meinem Berliner Untergang. Seine Reaktion: „Ach Sie waren das!" - „Wie, ich war das?" Vor mir saß der damalige Vorsitzende des Ruderclubs, der für die Reparatur des Bootes schon mal 5000,- DM aufwenden musste.

Ich durfte trotzdem weiter für ihn arbeiten.

Jürgen und Michaela heiraten

<u>27.9.1978</u>

Gestern haben wir nun geheiratet. Michaela und ich. Es hat sich gar nicht viel geändert. Außer, dass wir uns sicherer geworden sind, dort, wo wir zueinander noch unsicher waren.

Ein sehr schöner Tag. Trauzeugen waren Annegret, die Michaela Blumen mitbrachte – ich hatte gar nicht dran gedacht – und Ljuba. Natürlich waren wir zur Zeremonie, wie immer, zu spät von Zuhause weggekommen.

Wir alle trafen uns vor dem Berliner Standesamt Schöneberg. Michaela leicht nervös, aber auch fröhlich, gefasst und ruhig. Im Vorzimmer zum Trauzimmer hockte schon eine ganze Schar schwarzer und weißer Freaks, die uns anlachten, als wir reinkamen, in diesem schrecklichen Raum, der sich durch einen geschmacklosen Kronleuchter und einige Blumen auszeichnete. Unsere Personalien wurden aufgenommen.

Die Freaks wurden aufgefordert und alle verschwanden in einem weiteren Zimmer und als sie verheiratet wieder raus kamen, waren sie kaum glücklicher. Dann wurde von ihnen erst mal entschlossen geblitzt. Die eingenommene Haltung zueinander ließ aber immer noch nicht auf das Brautpaar schließen.

Und nun wir. Michaela und ich traten ins Trauzimmer, die Zeugen folgten. Chef des ganzen war ein junger Mann im stahlblauen Anzug, der sich hinter einen riesigen Schreibtisch pflanzte. Wir setzen uns auf ein paar klassische Stühle, und los ging es: ... liebes Brautpaar. Vor seinem gut geschnittenen Anzug faltete er die Hände dergestalt, dass Zeigefinger zu Zeigefinger und Mittelfinger zu Mittelfinger aneinanderstießen – eine eindrucksvolle Pose, in jedem Lehrbuch für auftretende Autoritäten empfohlen.

Ich indessen pflegte meine Rose an der Brust – auch von Ljuba verliehen. ...sind hergekommen, um vor dem Gesetz Mann und Frau zu werden, den Lebensweg gemeinsam zu beschreiten usw.... Eine etwas längere Rede, für den Alltag gar nicht so schlecht, aber er, der uns schon vom Aufgebot her kannte, hatte alle Mühe seine wohlgesetzten Worte auch direkt an uns zu richten. Ich war ganz sicher, dass er vor dem Spiegel geübt hatte. Nicht speziell für uns, sondern überhaupt.

Nun, Michaela und ich lächelten uns so oft wie es ging an, schauten uns in dem respektablen Raum um und genossen die ruhige Atmosphäre. Und dann wurde es noch mal ernst, als er mich fragte, ob ich die hier anwesenden Michaela Petra Vollmerhaus zur Frau nehmen wollte. Ohne mir jetzt weiter Gedanken machen zu wollen, sagte ich ein ganz weiches Ja, weicher, als ich gedacht hätte.

Aber auch die neben mir Stehende bekam Ähnliches zu hören, sagte ja und wir waren Mann und Frau – vor dem Gesetz. Es fehlte nur noch die Unterschrift. Die haben wir uns geleistet.

Zwar waren wir schon vorher Mann und Frau, auch umgekehrt, klar, aber ab nun sind es auch

Besitzverhältnisse: Ein Mann und seine Frau und umgekehrt. Hoffentlich halten wir das aus und auf Dauer. Auf jeden Fall, ich hatte kein schlechtes Gefühl. Unterschreiben und wieder raus zur Dame, die uns Glück wünschte – natürlich nicht ihr Glück, denn dann hätte sie einem in die Augen gesehen. Dann durch den Flur und eine Tür, dorthin, wo draußen Sonne scheint – und es wird tüchtig fotografiert von den wirklich gut organisierten Trauzeugen.

Ich war nun schon so weit, Michaela vor aller Augen hoch auf den Arm zu nehmen. - und habs auch getan. Dann nach Hause, ohne Annegret alle zusammen in die Feurigstraße, sitzen rum und langweilen uns ein bisschen, mit Gerd spreche ich über gekonnte Konkurse. Dann kommt Christiane, eine und auch meine echte Schwester. Mit Kindern, sagt guten Tag, freut sich und ich freu mich auch und mit ihrem kleinen Sohn spricht sie wie mit einem, der so bleiben soll.

Und dann irgendwann am frühen Nachmittag packen wir das große Auto voll mit Lebensmitteln. Zwischen den schweren Wolken scheint die Sonne nicht oft, aber kräftig und sehr aufmunternd. Der dichte Verkehr, Lärm und Gestank machen diese kleine Hochzeitsreise an die Havel zur Qual, aber in der Havelchaussee ist alles wieder ganz ruhig, es ist Platz da für das Grün der Bäume. Ein Reichtum. Am Grunewaldturm steigen wir aus, die anderen gehen vor, ich warte noch auf Jan, den Schwager, der sich angemeldet hat. Er schenkt an diesem Tag eine Vase und wünscht mir formvollendet Glück. Dann klettern wir zur Havel und der Jan hat einen Kasten Bier in der Hand.

Wir suchen die anderen und finden sie zu den Füßen der Havel, zwischen den Kiefern, die genug Licht durchlassen, um den Himmel ganz weich erscheinen zu lassen. Dazu lassen wir dieser Tag einen guten sein, ich küsse Michaela und sie mich und Mann und Frau noch viel mehr. Vorhin hat es noch tüchtig geregnet, aber jetzt, jetzt scheint die Sonne wieder gut, die Wolken verziehen sich standesgemäß. Es gibt Würstchen vom Grill, Michaela holt Annegret vom Parkplatz ab, die bringt ihre drei Kinder mit. Die Party ist im vollen Gange.

Immer wieder lege ich mich auf den Rücken und fotografiere mit einem Fotoapparat, von dem keiner weiß, ob er funktioniert. Der Rauch des coolen Feuers steigt in die Nase, in die Augen, es riecht nach Fleisch und Knoblauch und Gemüse – ein fertiger Tag.

Dann bezog sich langsam, ganz langsam dieser wunderbare blaue Himmel, mit einer Wolke, die wirklich schwarz war. Nur vorsichtshalber – und auch erst, als wir mit dem Essen fertig waren, packten wir zusammen, gingen schon mal ein paar Schritte in Richtung Auto, es begann der Regen vom Himmel zu fallen – bis wir am Auto waren, waren wir nass.

In der Feurigstraße sehen wir uns dann wieder, tropfnass und ein wenig müde, aber wir feiern weiter. Annegrets Kinder erfreuen uns noch mit einer sehr wirkungsvollen Musik – eine Schau mit Tanz und vielen Liedern voller Liebe und von der Liebe. Anna tanzt und singt und Gregor spielt sehr rhythmisch Trompete. Alle schauen zu, viel Beifall, ich klemme mir bald die Gitarre unter den Arm, spiel dazu – Gitarre spielen und tanzen gehört auch heute ganz klar zusammen. Die Erwachsenen sind schon etwas müde und gähnen auch ein bisschen. Auch Vater Hans ist noch gekommen. Der nimmt sich das Tamburin und nochmals tanzt Anna, spielt Gregor Trompete und Jürgen Gitarre.

Und dann kommt Peter, mein alter Freund und Vetter, in der Hand eine Bratpfanne, und freut sich, mich mal wieder zu sehen, und in so festen Händen. Ich weiß nach den vielen Jahren schon gar nicht mehr, was ich von ihm halten soll, ihm, den Garanten seiner bürgerlichen Existenz. Er lacht, als er von seiner Frau spricht. Das tun nicht viele, echt. Dann gibt es noch einige Anrufe, starke Blumen und Grüße, mehr, als ich erwartet habe.

Irgendwann gehen alle zufrieden nach Hause, noch immer schifft es aus allen Rohren, Ljuba und Gerd fahre ich bis vor die Tür. Zurück nach Hause, hat Michaela schon aufgeräumt und wir gehen ins Bett, dahin, wo wir hingehören, noch eine Seite Krimi gelesen und weg waren wir.

So war es, damals am 27.9.1978 bei Jürgen und Michaela.

Badenstedt bei Zeven

Angekommen: Ein Zuhause für die Familie

In den 70er Jahren in Berlin zu leben und zu arbeiten war schön und abenteuerlich. Aber das, was Berlin-Besucher an Berlin so lieben, diese unglaubliche Vielfalt an Unterhaltung und Ablenkung, haben wir gar nicht genießen können. Für uns gehörten gelegentliche Ausflüge in eine Pizzeria und regelmäßige Besuche einer kleinen Kneipe zu den Höhepunkten. Und natürlich die Band, die funktionierte, und am Schluss es sogar schaffte, eine richtig schöne Platte zu produzieren. „Guten Morgen".

Aber wir wollten heiraten, wir wollten Kinder haben und wir wollten diese nicht in Berlin aufwachsen lassen. So suchten wir uns eine neue Heimat, irgendwo in Westdeutschland.

Michaela hatte die Anzeige in einem westdeutschen (ja die Mauer gab es noch und die Grenze auch) Zeitung entdeckt: Ein Haus zu verkaufen in Badenstedt. Genau richtig in dem Dreieck Hamburg, Hannover, Bremen. Denn ich wollte als Freier Texter arbeiten. Zudem liegt Badenstedt in dem am wenigsten besiedelten Gebiet Westdeutschlands. Auch nicht schlecht, wenn man aus dem Moloch Berlin in ein entspanntes Leben wechseln wollte.

Wir fuhren nach Badenstedt, entdeckten das Haus, standen davor, waren angetan und fragten uns. Ist es das? In diesem Moment durchschauerte es mich, Gänsehaut am ganzen Körper. Ein eindeutiges Signal, ja, wir machen es.

Die gute Tat meines ungeliebten Vaters: Er lieh uns 20.000 DM als Anfangskapital, ein Pfund, mit dem wir bei der Bank protzen konnten. Die schlechte Tat: Ich musste das Geld wieder zurückzahlen.

Mit der Anzahlung versuchte der Makler zunächst durchzubrennen, schaffte es aber nicht und so konnten wir die 20.000 DM erfolgreich retten. Was für ein Stress.

Das Haus übernahmen wir von einer alten Frau, die irgendwann gestorben war, seitdem stand es leer. Ein großes Bauernhaus, spartanisch eingerichtet, gerade mal mit fließend Wasser, mit Eimerklo im Schweinestall, einer kleinen Waschküche statt Badezimmer, einem rudimentären Elektroherd, ein paar kleinen Räumen, ein großer Flur, eine große Tenne, ein sehr großer Dachboden und 5000 m² Land. Daraus kann man was machen. Also in die Hände gespuckt und …

Der reine Zufall wollte es, dass, gerade mal angekommen, Michaela sofort schwanger wurde. Sarah kündigte sich an. In den neun Monaten der Schwangerschaft hat Sarah im Bauch von Michaela eifrigste Tätigkeiten erlebt, aber Michaelas Tatendrang nicht im mindesten beeinträchtigt.

Das Haus wurde in vielen Jahren umgebaut und ausgebaut, Wände wurden eingerissen, neue Fenster, neues Dach, ein kompletter Dachausbau, sodass aus den 80.000 DM Anfangskosten am Schluss wohl 250.000 wurden. Dies alles konzipiert und realisiert von eifriger Textarbeit Jürgens und der Tat- und Gestaltungskraft von Michaela.

Unsere größte Tat war ohne Zweifel der eigenhändische Ausbau eines Badezimmers, alle Wände und Fußboden gefliest, die Dusche eingebaut und, und, und. Auch das Erdgeschoss wurde komplett umgestaltet. Einfach ein paar Wände umgelegt und der ganze Bereich mit Fußbodenheizung ausgestattet und gefliest. Hauptsache es wird nicht langweilig.

> *Thema Schweinestall. Im Schweinestall - außenrum gehen, bitte – befand sich unser Klo, das heißt: ein Eimer und darüber ein dickes Brett mit einem großen Loch. Meine Aufgabe war es, diesen Eimer, wenn er gefüllt war, zu entleeren. Leider hatten wir viele Gäste, die auch gerne mal aufs Klo gingen. Irgendwann war der Eimer natürlich voll, und musste in eine große Kuhle, auch im Schweinestall, entleert werden. Irgendwann war auch diese Kuhle dann so voll, dass einiges Braune dann doch zurückklatschte.*

Nach wenigen Monaten fragte ich mich, wo eigentlich unser Abwasser hingeht. Bis ich mal nach einer Wäsche zufällig aus dem Fenster schaute und ansehen musste, wie Schaum aus dem nahe liegenden Graben vor dem Haus quoll. Das konnte und durfte natürlich nicht sein, so waren wir gezwungen eine veritable Abwassergrube mit den dazugehörigen Abwassergräben zu installieren.

Da Michaela höchstes Misstrauen gegenüber Krankenhäusern hatte, kam Sarah im Haus der Hebamme zur Welt. Eine äußerst schwierige Geburt, Steißlage.

Und zwei Jahre später kam pünktlich zum zweiten Geburtstag von Sarah unsere Lena auf die Welt. Und einige Jahre später komplettierte Anna die fünfköpfige Familie. Lena und Anna kamen in ganz normalen Hausgeburten zur Welt. Drei gesunde Mädchen, ich war heilfroh, denn ich hatte nicht die geringste Lust, mich mit den Problemen eines Sohnes zu belasten. So lernte ich wickeln, füttern und all das, was ein begeisterter Papa so tun muss und will.

Natürlich wurde unsere Familien immer von mindestens einem Hund und diversen Katzen begleitet.

Weiter geht's: Zum Ausbau eines Daches gehört auch die Konstruktion und Realisierung ziemlich aufwendiger sogenannter Gauben, eine Aktion, die allein schon ein halbes Jahr Arbeit erforderte. Und mit der Hilfe von gutwilligen Verwandten schafften wir es, den riesigen Boden dann zusätzlich mit Kinderzimmern und einem kleinen Bad auszustatten.

Dann schlugen Dieter und Biggi, gute Freunde aus der Musik, vor, auf ihre Kosten ein Teil des Bodens auszubauen, sodass sie dort mit ihren beiden Kinder leben konnten. Das wurde diskutiert und beschlossen. So dauerte es nicht allzu lange bis eine weitere kleine Familie in unserem Haus einzog. Viele Menschen nun unter einem Dach, vier

Erwachsene, vier Kinder und Michaela schwanger mit Anna.

Das ging doch einige Zeit gut. Meine Großtat war die nahezu abendliche Vorlesestunde, in dem ich aus dem Stand die Abenteuer von Pupipopo, Pupipapa und Pupipipi erzählte. Ist schon wunderbar, den vier Kiddies spannende Geschichten zu erzählen, deren Anfang und Ende ich selbst nicht kannte.

Aber so ganz ohne war dieses Zusammenleben auch nicht. Michaela und Biggi, die beiden Frauen konnten nicht miteinander. Und sollten Probleme besprochen werden, wurde dies durch das ständige Weinen von Biggi unmöglich gemacht. Bis es Michaela zu viel oder zu wenig wurde – wir mussten uns wieder trennen. Da wir für diesen Fall vereinbart hatten, keinerlei Entschädigung irgendwelcher Art zahlen zu müssen, ist die Familie mit einem satten Minus ausgezogen. Das war nicht angenehm und auch ungerecht, aber wir selbst waren finanziell auch immer ausgeblutet.

So entstand ein weiteres Kinderzimmer. Und für mich ein Arbeitszimmer, den Texter, der eigentlich ganz froh war, dort oben in Ruhe arbeiten zu können.

Und so kamen wir zur Ruhe. Jürgen arbeitet in Hamburg, Bremen und bei sich Zuhause, Michaela macht Familie, die Kinder wachsen auf – und alle leben in dem neuen Heim im ganz gewöhnlichen, immerwährenden Auf und Ab, dem Normalen und Fremden, dem Eigenartigen und Wunderbaren - länger als 20 Jahre lang.

Bis dass der Tod uns schied

Jürgen und Michaela

Die guten Zeiten mit Michaela basierten vor allem auf ungewöhnlichen, schlimmen und guten Erfahrung in unserer beider Leben. Wir waren ein ideales Paar, ergänzten uns wunderbar, liebten uns sehr und stritten uns oft wie die Kesselflicker.

Nur eine Sache an diesem gemeinsamen Leben war etwas nervig, aber ich akzeptierte das. Kurz: Wir waren in den 33 Jahren Zusammenleben vielleicht drei Tage, drei Nächte getrennt. Die andere Zeit waren wir zusammen. Und dies unter einer gemeinsamen Decke im Schlafzimmer – nackt.

Dieses intensive Zusammenleben begann schon bei der Arbeit im Torf. Michaela kündigte ihren gut bezahlten Job, nur um mit mir zusammen zu arbeiten, mit mir zusammen zu sein. Fand ich gut.

Zu den Höhepunkten unserer unauflösbaren symbiotischen Beziehung gehörte die Reise nach St.Petersburg. Die war eigentlich für den Autoren der Sparkasse Kiel gedacht. Wer kam mit? Michaela.

Und viele Reisen haben wir gemeinsam überstanden. Mit dem VW-Bus nach Griechenland. Mit dem Flugzeug nach Kreta. Einmal sollte ich für eine Werft 25 Produkt-Prospekte schreiben. Auch dafür flog ich nach Kreta und verbrachte dort wunderbare 14 Tage, vormittags schrieb ich und nachmittags amüsierte ich mich. Wer war dabei: Michaela. Musik machen in Berlin und Badenstedt.

Wer ist dabei: Michaela.

Zusätzlich stellte sich heraus, dass Michaela sehr misstrauisch und eifersüchtig war. Dies allerdings zu Recht. Denn obwohl ich nur wenig von meinem Vater geerbt habe, wurde mir doch sein Hang zu schönen und vielen Frauen in die Wiege gelegt. So war es mir unmöglich, auf einer Party mit anderen Frauen sprechen zu können, ohne dass Michaela durchdrehte. Was mich sehr gestört hat, denn auf einer Party will ich eigentlich alles, nur nicht mich den ganzen Abend mit meiner Ehefrau beschäftigen. Allerdings: So wurden mir viele Versuchungen erspart.

Diese sparsame Zeit wurde erst unterbrochen als ich in Hamburg einen schönen Job in einer großen Agentur bekam. Und Hamburg ist ein heißes Pflaster, auch hinsichtlich Frauen. Meine kleine Freiheit nutzte ich für einige Fremdgeh-Aktionen und meinem Drang nach unkontrolliertem Geschlechtsverkehr nachzugeben. Das allerdings belastete unsere Beziehung dermaßen, dass ich gezwungen war dieses Fehlverhalten zu gestehen und mich fortan Michaela zu widmen.

Auch der Geschlechtsverkehr mit mir selbst wurde natürlich nicht toleriert. Im Gegenteil – eine ständige Quelle der Unzufriedenheit und des Streites. Aber mir war es schon einiges wert sexuell unabhängig zu sein.

So bekam unsere Beziehung doch spürbare Risse. Aber wir schafften es immer wieder, uns zu lieben, miteinander zu leben.

Dann bürgert sich der Alkohol bei uns ein. Tequila und spielen. Viele Stunden und viele Abende lang. Dazu spielten wir ohne Unterlass und ohne Langeweile bei bester Laune Karten – wir haben es immer genossen.

Leider misstraute Michaela meinem Lebenswandel nachdrücklich. Und tröstete sich dann auch allein mit Alkohol. Und das so geschickt, dass ich es nicht bemerkte, obwohl mich Freunde und Verwandte immer wieder darauf aufmerksam machten: Michaela trinkt. Für mich waren das einfach nur üble Gerüchte, denn Michaela war kein Mensch, den alle spontan gerne mochten.

Leider wurde sie dann krank und kränker. Es begann mit epileptischen Krampfanfällen, unser Liebesleben reduzierte sich auf Umarmungen, es ging ihr immer schlechter, wir haben das nie großartig diskutiert, ich habe es nur begleitet.

Irgendwann starb sie. Sarah, Lena und ich waren bei ihr.

Michaela, auferstanden

<u>Auch nach zehn Jahren träum ich noch von uns.</u>

Es ist nun schon viele Jahre her, dass Michaela gestorben ist. Aber immer noch träume ich von ihr, und nicht zu knapp…

Heute Nacht zum Beispiel: Sitz ich auf einer Bank im Park, und wer kommt mir entgegen? Michaela! Sie setzt sich zu mir. „Aber Michaela, du bist doch tot." Nein, sie war es nicht, und in aller Liebe umarmten wir und küssten uns und knutschten ohne Ende. „Mein Gott, freue ich mich, dass du lebst."

Und so verbrachten wir einen Gutteil der Nacht miteinander auf der Bank und liebten uns inständig. Und als ich dann aufwachte, freute ich mich immer noch und musste dann doch zu meinem wachsenden Entsetzen feststellen, dass Michaela doch tot war und ich lebte.

Ich seh durchs Fenster meiner Träume

Eines der schönsten Michaela-Gedichte:

Ich sehe durchs Fenster meiner Träume
und erkenne klare Räume.
Erkenne eine klare Pracht,
die mich wieder ruhiger macht.

Durch das Fenster sehe ich Träume,
auf dem Weg der meiner wird,
doch ich weiß noch nicht,
was mich dorthin führt.

In den Räumen werden Menschen leben,
Menschen, Freunde und auch ich.
In der Klarheit dieser Räume
erkenne ich auch dich und mich.

Eine Pracht wird das Verstehen sein
und das Haus füllt ein klarer Schrei.
Nicht ohne Angst, doch mit viel Kraft,
lebt hier auch die Leidenschaft

Doch ganz ruhig und mit Vertrauen,
kann ich in deine Augen schauen.
Die Augen meiner Träume
diese unendlich klaren Räume.

Das war's.
<u>Erstmal</u>

Heute nun, an die 80 Jahre alt, lebe ich auf einem alten Bauernhof, habe einige gute Freunde, drei Töchter, fünf Enkel, eine Schwester, viele Verwandte – eine Menschenfamilie um mich herum, die es gut mit mir meint.

Letztlich doch ein gutes Ergebnis für den 68er in mir.